EINFACH
HIMMLISCH
GESUND

Lynn Hoefer

EINFACH **HIMMLISCH GESUND**

HEAVENLYNN HEALTHY

Natürliche und schnelle Rezepte für das echte Leben

Jan Thorbecke Verlag

VERLAGSGRUPPE PATMOS

PATMOS
ESCHBACH
GRÜNEWALD
THORBECKE
SCHWABEN
VER SACRUM

Die Verlagsgruppe
mit Sinn für das Leben

Disclaimer Die in diesem Buch dargestellten Inhalte wurden nach meinem besten Wissen und Gewissen erstellt. Die gesundheitlichen Tipps in diesem Buch ersetzen keine medizinische Therapie. Meine Rezepte folgen dem Prinzip eines generellen glücklichen und gesunden Lebens. Bei akuten gesundheitlichen Problemen sollte immer ein Arzt konsultiert werden.

Folge Heavenlynn Healthy:
www.heavenlynnhealthy.com

@heavenlynnhealthy

www.facebook.com/HeavenlynnHealthy

www.pinterest.com/HeavenlynnHealthy

www.youtube.com, suche nach Heavenlynn Healthy

MIX
Papier | Fördert gute Waldnutzung
FSC® C014138

Die Verlagsgruppe Patmos ist sich ihrer Verantwortung gegenüber unserer Umwelt bewusst. Wir folgen dem Prinzip der Nachhaltigkeit und streben den Einklang von wirtschaftlicher Entwicklung, sozialer Sicherheit und Erhaltung unserer natürlichen Lebensgrundlagen an. Näheres zur Nachhaltigkeitsstrategie der Verlagsgruppe Patmos auf unserer Website www.verlagsgruppe-patmos.de/nachhaltig-gut-leben
Übereinstimmend mit der EU-Verordnung zur allgemeinen Produktsicherheit (GPSR) stellen wir sicher, dass unsere Produkte die Sicherheitsstandards erfüllen. Näheres dazu auf unserer Website www.verlagsgruppe-patmos.de/produktsicherheit.
Bei Fragen zur Produktsicherheit wenden Sie sich bitte an produktsicherheit@verlagsgruppe-patmos.de

10. Auflage 2025

Verlagsgruppe Patmos in der Schwabenverlag AG, Senefelderstr. 12, 73760 Ostfildern
www.thorbecke.de

Fotos: Cover-Foto, Umschlag, Vorsatz, Seite 6, 8, 12, 17, 19, 23, 31, 32, 35, 49, 66–79, 86, 89, 101, 102, 106, 156, 162–170, 178, 183, 187, 192, 207, 238, 249 © Claudia Gödke.
Alle übrigen Fotos © Lynn Hoefer.
Gestaltung: Finken & Bumiller, Stuttgart
Druck: Finidr s.r.o., Český Těšín
Hergestellt in Tschechien
ISBN 978-3-7995-1442-2

INHALT

Vorwort 7

9..... Zu Beginn

Magische „Immer-auf-Vorrat"-Rezepte 33

45..... Schnelles Frühstück

Sonntagsbrunch 67

87..... 30-Minuten-Gerichte

„Besser als Lieferservice" – meine Feierabendküche 111

141..... Zero Waste

Meal Prep – Rezepte zum Vorkochen, Mitnehmen und Zeitsparen 159

179..... Am Wochenende

Snacks und Süßes 209

240..... Beispielhafter Wochenplan

Register 242

248..... Danke

DIESES BUCH IST EIN KOCHBUCH FÜR DAS ECHTE LEBEN.

Auch mein zweites Buch liefert keine Superformel für ein gesünderes Leben. Es enthält die Rezepte, die mir mit etwas Planung und Organisation eine gesunde Ernährung im stressigen Alltag ermöglichen. *Einfach himmlisch gesund* besteht aus meinen Lieblingsrezepten, die voller Nährstoffe stecken und dabei auch noch unheimlich gut schmecken. Die Gerichte in diesem Buch decken alle Lebenssituationen ab. Schnelle Gerichte und Meal Prep helfen dabei, sich unter Zeitdruck in der Woche gesund zu ernähren. Doch ist es für die Gesundheit ebenso wichtig, sich auch mal Zeit für sein Essen zu nehmen und es mit Freunden und Familie zu genießen. Deshalb gibt es ebenfalls Genießer-Rezepte für den Sonntagsbrunch oder das Wochenende.

Denn das Leben ist ein Balanceakt und genau das spiegelt dieses Buch wider. Kurz und gut: Dieses Buch steckt voller gesunder, aber alltagstauglicher Rezepte.

Wie auch in meinem ersten Buch dreht sich wieder alles um frische, natürliche Zutaten, um farbenfrohe Lebensmittel und deren Nährstoffe. Alle Rezepte sind pflanzenbasiert und ohne raffinierten Zucker, Milchprodukte oder Weizen. Alle Gerichte sind außerdem von Natur aus glutenfrei, nur für einige wenige Backrezepte gibt es sowohl glutenfreie als auch Varianten mit Dinkelmehl.

Einfach himmlisch gesund soll das Leben erleichtern und bereichern und den Spaß an gesunder Ernährung wecken. Ganz ohne erhobenen Zeigefinger.

Für Jannis, May Britt, Malin & Mama und Papa.
Und natürlich für meine wunderbaren Blog-Leser.

yesterday
NOW.
tomorrow

ZU BEGINN

In meinem ersten Buch „Himmlisch gesund" habe ich ein Versprechen gegeben: dass ich meine Leser weiterhin mitnehme auf meinem Weg hin zu einem gesünderen Ich. Seitdem ist viel passiert, und eines kann ich eindeutig sagen: Ich habe ihn noch nicht gefunden, den einen Weg. Denn es gibt ihn nicht. Gesundheit ist nämlich etwas sehr Individuelles. Der Begriff hat für jeden von uns eine andere Bedeutung.

Ihr werdet also auch in diesem Buch keine Gesundheitsformel und keinen 8-Wochen-Plan für ein gesünderes Selbst finden. Auch kann ich nicht garantieren, dass ihr euch mit meinen Rezepten besser fühlen werdet. Denn nur weil etwas mir geholfen hat, bedeutet es nicht automatisch, dass es jedem helfen wird. Wir sind alle unterschiedlich: von unterschiedlicher Statur, haben unterschiedliche Gene und leben unterschiedliche Leben. Ernährung ist eben kein „One-size-fits-all"-Phänomen. Ich habe meine Ernährung vor über sieben Jahren auf überwiegend pflanzenbasiert und vollwertig umgestellt und bin seitdem gesünder, fitter und glücklicher als je zuvor. Doch Bluthochdruck habe ich immer noch, wenn auch niedriger als zu Zeiten meiner Diagnose in 2012. Meine Ernährungsumstellung habe ich aber nie bereut oder infrage gestellt. Für mich ist es selbstverständlich geworden, jeden Morgen warmes Porridge zu essen und mein Nussmus oder meinen Hummus selber zu machen. Im Einklang mit den Jahreszeiten zu essen, den Wochenmarktbesuch zu zelebrieren und Familienerinnerungen am Esstisch zu erschaffen. Ja, der Bluthochdruck ist geblieben, doch er erschuf eine Leidenschaft für bewusste Ernährung und Gesundheit, die ich gerne in diesem Buch teilen möchte.

Gesunde Ernährung – Bereicherung, kein Zwang

Für mich bedeutet gesunde Ernährung, sich in seinem Körper wohl zu fühlen. Frisch, vielfältig, bunt und ausgewogenen zu essen und pflanzliche Lebensmittel zur Grundnahrung zu machen. Sooft es geht Vollkornprodukte in die Ernährung zu integrieren und täglich Obst und Gemüse zu essen. Fertigprodukte links liegen zu lassen und dafür lieber nach einem knackigen Apfel zu greifen. Wie schon in ***Himmlisch gesund*** geht es mir nicht darum, anderen meine Ernährungsweise aufzwingen zu wollen. Hier gilt das Motto: Alles darf, nichts muss. Wenn man meiner Ernährung einen Namen geben müsste, dann würde ich wahrscheinlich irgendwo zwischen Vegetarierin, Vollwertköstlerin und Veganerin landen. Ich ernähre mich zu 95 Prozent vegan, doch esse ich ab und zu noch Eier oder Ziegenkäse. Allerdings wird auch das immer weniger. Trotzdem bezeichne ich mich nicht als Veganerin, weil dazu mehr gehört als nur die Ernährung. Ich bezeichne mich eher als einen Menschen, der gerne gesund und bunt isst. Auf meinem Blog werde ich immer wieder gefragt, ob und wie diese Ernährungsweise in das echte Leben integrierbar ist. Dieses Buch soll genau diese Frage beantworten.

Das echte Leben – was ist das eigentlich?

Die Ansprüche an unser Leben sind in den letzten Jahren sehr gestiegen. Gesunde Ernährung spielt bei den meisten Menschen eine Rolle. Doch wollen wir uns nicht mehr nur gesund ernähren, wir wollen rundum gesund leben und dabei auch noch nebenbei etwas für die Umwelt tun und nachhaltiger leben. Wir wissen alle, dass Lebensmittelverschwendung verhindert werden muss, dass wir weniger Einwegplastik benutzen müssen und dass saisonal einzukaufen die beste Wahl ist. Gleichzeitig steigen die Ansprüche im Job, bei manchen wächst die Familie und es scheint fast unmöglich, alles unter einen Hut zu bekommen. Ich habe dafür leider bisher auch keine geheime Formel finden können, aber zumindest ein paar Ansätze, die ich in diesem Buch mit euch teilen möchte. Ich bin ein großer Fan der schnellen Küche, doch bin ein ebenso großer Fan davon, sich für sein Essen Zeit zu nehmen. Ich habe deshalb versucht, in diesem Buch eine Balance zwischen schnellem Essen und langsamem Genießen zu schaffen. Das ist für mich das echte Leben.

Gesunde und lebensnahe Rezepte für jeden Tag

Während ich im ersten Buch großen Wert darauf gelegt habe, besonders durchdachte, ernährungsphysiologisch-einwandfreie Rezepte zu kreieren, hat unser Alltag diese Perfektion mittlerweile etwas gelockert. Was nicht heißt, dass die Rezepte in diesem Buch nicht der gleichen Philosophie wie im ersten Buch folgen. Die Philosophie dieses Buches lautet immer noch: Iss bunter. In meiner Küche dreht sich alles darum, täglich eine bunte Fülle an Gemüse zu essen. Hinzu kommen Vollkorngetreide, Pseudogetreide, gute Fette, Hülsenfrüchte, Nüsse, Samen, Obst und natürlich-süße Lebensmittel. Doch manchmal muss es eben schnell gehen, und dann bin ich froh, wenn sich wenigstens grüne TK-Erbsen in meinem Essen befinden.

Frische und ausgewogene Ernährung im Alltag

In diesem Buch geht es also darum, gesunde Ernährung realistisch in den Alltag zu integrieren. Bin ich darin ein Experte? Ganz sicher nicht. Auch ich kämpfe täglich gegen die Zeit und häufig reicht diese abends gerade mal für ein paar Oliven und gekauftes Sauerteigbrot vom Bäcker. Ich bin eine ganz normale Frau, die versucht, sich trotz des modernen Lebens im Alltag gesünder zu ernähren. Wir wissen alle, wie wichtig es ist, sich besonders in stressigen Zeiten ausgewogen zu ernähren. Doch wie sollen wir in Vollzeit arbeiten, täglich Sport machen, den Haushalt schmeißen und dann auch noch selber kochen? Kein Wunder, wenn man sich von diesem Anspruch überfordert fühlt. Die Antwort ist eigentlich ganz einfach: indem wir einmal tief durchatmen und unsere Ansprüche an uns selber der Realität anpassen. Wir brauchen nicht jeden Tag nach Feierabend ein kulinarisches Festessen zu kredenzen. Wir brauchen manchmal nur ein paar Lebensmittel, die mit etwas Pepp eine wohlige Mahlzeit ergeben: einfach, schnell und bodenständig. Die Zutaten dafür sollte man ohnehin schon im Vorratsschrank haben oder in jedem Supermarkt um die Ecke bekommen können. Ab und zu darf es auch mal eine ausgefallenere Zutat aus dem Bioladen sein, denn Neues zu testen macht Spaß und bereichert den Alltag.

Schnell in der Woche, langsam am Wochenende

Es braucht keine sechs Jahre Business-School, um auswerten zu können, welche Rezepte auf meinem Blog besonders beliebt sind. Sobald ein Gericht die Worte „schnell" oder „einfach" im Titel enthält, gibt es kein Halten mehr. Besonders beliebt sind die 30-Minuten-Rezepte, die von vielen Lesern wie verrückt nachgekocht und heiß und innig geliebt werden. Doch auf der anderen Seite sind Wohlfühlrezepte auch hoch im Kurs. Eintöpfe, Currys oder asiatische Gerichte erfreuen sich ebenso großer Beliebtheit wie schnelle Gerichte. Nun ist die Leserschaft meines Blogs sicher kein Querschnitt der Gesellschaft. Doch sind die meisten von uns im stressigen Alltag für schnelle, einfache und dennoch gesunde Rezepte dankbar. Zumindest von Montag bis Freitag. Am Wochenende darf es auch mal etwas länger dauern. Genau so ist auch dieses Buch aufgebaut. Die Kapitel sind alle ziemlich selbsterklärend: Frühstück, Sonntagsbrunch, 30-Minuten-Gerichte, Feierabendküche, Am Wochenende, Snacks und Süßes. Zwei Kapitel fallen vielleicht etwas heraus: Meal Prep und Zero Waste.

Mit Meal Prep durch die Woche

Im Kapitel Meal Prep zeige ich meine Art des Vorkochens. Hier gibt es Schichtsalate zum Mitnehmen,

Saucen für vier verschiedene Gemüsepfannen, tiefgefrorene Smoothie-Mixe und verschiedene Brotdosen-Ideen für Erwachsene. In diesem Kapitel geht es weniger um konkrete Rezepte (die dort zwar zu finden sind), sondern mehr darum, die Kreativität in jedem Einzelnen selbst zu wecken. Mit ein paar einfachen Tricks kann sich jeder auch in stressigen Zeiten eine gesunde Mahlzeit zusammenstellen. Doch auch in den anderen Kapiteln finden sich Rezepte, die sich prima zum Vorbereiten und Mitnehmen eignen. Diese Rezepte sind mit einem Symbol extra gekennzeichnet (siehe Seite 30).

Lebensmittelverschwendung adé

Lange habe ich überlegt, die Rezepte des Kapitels „Zero Waste" einfach unter die anderen Kapitel zu mischen. Doch liegt mir das Thema Lebensmittelverschwendung so am Herzen, dass ich ihm ein eigenes Kapitel gewidmet habe. Alleine in Deutschland werden jährlich 11 Millionen Tonnen Lebensmittel weggeworfen. Das ist etwa ein Drittel unserer Lebensmittel. Dabei spielen große Industrien wie Restaurants und Supermärkte zwar eine Rolle, aber ein Großteil der Verschwendung findet in unseren Haushalten statt. Deshalb habe ich mir an die eigene Nase gefasst und mal geschaut, welche Lebensmittel besonders häufig weggeworfen werden und wie man diese retten bzw. auch Stängel und Blätter verwenden kann. Die Rezepte findet ihr ab Seite 141.

Mehr Comfort Food, weniger Arbeit

Der Großteil der Rezepte in diesem Buch ist neu und unveröffentlicht. Doch finden sich einige wenige Lieblingsrezepte von meinem Blog wieder, die so gut sind, dass ich sie über die Jahre immer weiter verbessert habe. Dazu gehört das Glowing Golden Porridge von Seite 55 und die Thai-Erdnuss-Nudelsuppe von Seite 135. Alles andere sind Rezepte, die ich so sehr liebe, dass ich sie bisher noch für mich behalten habe und erst jetzt teile. Dazu gehören zum Beispiel die Sommer-Linguine auf Seite 124, die mein Mann schon auswendig kann. Oder all die schnellen Brötchenrezepte (Seite 68, 71 und 72). Brötchen gehören so zu unserer Kultur dazu, dass ich wochenlang an den perfekten Rezepten getüftelt habe. Die Last-Minute-Vollkornbrötchen von Seite 71 müsst ihr unbedingt probieren. Genauso wie die Omega-3-Brötchen von Seite 68, die nicht nur supergesund, sondern auch himmlisch aromatisch sind. Die Rezepte im Kapitel „30-Minuten-Gerichte" sind zwar einfach, aber dennoch nicht langweilig. Die Cajun-Quinoa ist beispielsweise in weniger als 15 Minuten angerichtet und die Erdnuss-Lauchsuppe ist nicht nur aufgrund der kurzen Zubereitungszeit der Knüller. Außerdem enthält dieses Buch viele klassische Wohlfühlgerichte wie Pasta (Seite 91, 92 und 95), Pizza (Seite 116 und 194) und Burger (Seite 190 und 192) – alles mit einem gesünderen Touch, ohne dabei auf Geschmack zu verzichten.

Alle Rezepte in diesem Buch begleiten mich seit langer Zeit. Sie sind fester Bestandteil unseres Familienlebens und werden von mir ohne Rezept gekocht. Denn die Rezepte, die man auswendig kann, sind doch häufig die besten. Ich hoffe, dass dieses Buch euren Alltag erleichtern und eure Wochenenden bereichern wird. Dass euch die Gerichte Freude bringen, vielleicht auch zu euren Lieblingsrezepten werden und eigene Erinnerungen kreieren.

Eure
Lynn

TIPPS FÜR DIE SCHNELLE, GESUNDE KÜCHE

Ich will niemandem etwas vormachen. Sich im Alltag gesund zu ernähren, erfordert ein gewisses Maß an Disziplin und Planung. Doch gibt es tatsächlich ein paar Tricks, mit denen man sich auch mit wenig Zeit gesund ernähren kann. Die folgenden Tipps sind Dinge, die mir dabei helfen, auch in den stressigsten Zeiten eine gesunde Mahlzeit zu kochen.

1. Der magische Grundstock – Habe immer einen Grundstock an Basiszutaten im Vorratsschrank. Die Zutaten der Einkaufsliste auf Seite 18 findet man bei mir immer auf Vorrat. Damit kann man schnell etwas Gesundes zaubern, auch wenn der Kühlschrank so gut wie leer ist.
2. Stress dich nicht. – Gesunde Ernährung sollte Spaß machen und kein Zwang sein. Bereits eine frische Mahlzeit am Tag bringt unseren Körper weit voran.
3. Nutze das Gefrierfach. – Keine Sorge, ich selber besitze nur ein Standard-Gefrierfach, keine große Truhe. Doch da passen alle Zutaten hinein, die ich brauche: gefrorene Beeren, bereits gehackte Zwiebeln, Knoblauch und Ingwer, Bananen, Kräuter, Spinat, TK-Gemüse, eingefrorene Kokosmilch und eine Zitrone.
4. Pasta mit Proteinen – Heutzutage gibt es Pasta aus allen möglichen (glutenfreien) Mehlen. Erbsen, Kichererbsen, Linsen, Vollkornreis, Buchweizen, Quinoa – die Liste wird ständig erweitert. Diese Nudeln enthalten häufig mehr Ballaststoffe und Proteine als solche aus Hartweizengrieß, d.h. sie halten länger satt und geben uns länger Energie. Man denkt also, man isst Pasta, doch isst man eigentlich grüne Erbsen oder Hülsenfrüchte. So kann man sich selber (oder andere) auch ein wenig austricksen.
5. Einfach, aber gesund – Mit einigen Zutaten kann man den Nährstoffgehalt von Gerichten ganz leicht erhöhen. Das sind beispielsweise jegliches grünes Blattgemüse, Rote Bete, Paprika, Kürbis, Süßkartoffeln oder (gefrorene) Sommerbeeren. All diese Lebensmittel sind nicht teuer und in jedem Supermarkt zu finden.
6. Planung, Planung, Planung – Ich will euch nicht vorgaukeln, dass gesunde Ernährung auch mit einem leeren Kühlschrank oder Vorratsschrank funktioniert. Es bedarf ein gewisses Maß an Planung und Organisation, um sich im Alltag gesund zu ernähren. Doch hat man es einmal raus, erleichtert die Planung das Leben enorm. Einen Wochenplan schreiben, vorkochen und immer ein paar Snacks bereithaben, sind alles Teile eines gesunden Lebensstils.
7. Mix & Match – Das heutige, schnelle Leben erfordert eine andere Art des Kochens als es unsere Großeltern kannten. Heute kocht man mittags kein Drei-Gänge-Menü mehr, wie es meine Oma noch getan hat. Der heutige Alltag zwingt uns dazu, simpler, aber raffinierter zu kochen. Dafür kombiniert man komplexe Kohlenhydrate, Proteine und Fette auf verschiedene Art und Weise, um eine ausgewogene Mahlzeit zu kreieren. Auf Seite 27 findet ihr eine kleine Anleitung, wie das gelingt.

WIE ICH EINKAUFE

Auf Instagram teile ich sehr häufig meine Marktbesuche. Dieser wöchentliche Bummel gehört zu meinen Lieblingsfreizeitbeschäftigungen. Dadurch, dass ich nur Ausschnitte aus meinem Leben teile, könnte man denken, dass ich nur auf dem Wochenmarkt einkaufe. Das stimmt natürlich nicht. Ich erledige meine Wocheneinkäufe wie jeder von uns im Supermarkt, im Bio-Markt und auch im Discounter. Auch ich muss auf unser Haushaltsbudget achten und versuche, Kosten, Gesundheit und Umweltbewusstsein irgendwie zu balancieren. Ich bin weit davon entfernt, perfekt zu sein, doch gebe ich mir täglich Mühe, Entscheidungen zu treffen, die sowohl für die Gesundheit als auch für die Umwelt gut sind.

Wenn möglich unverpackt, regional, im Idealfall bio

Ich habe eine einfache Prioritätenliste: Unverpackt sollte es sein, wenn möglich regional und im Idealfall bio. Man muss jedoch nicht alles im Bio-Supermarkt kaufen, um sich gesund zu ernähren. Häufig kommt das Biogemüse dort auch von weit her, weshalb ich lieber zu regionalen Lebensmitteln greife oder kleinere Bioläden unterstütze. Die Möglichkeiten, unverpackte Lebensmittel auch im normalen Supermarkt zu kaufen, werden zum Glück in Deutschland immer besser. Doch schaffe ich das mit Sicherheit nicht immer, auch weil wir in Lüneburg immer noch keinen Unverpackt-Laden haben. Ich gebe mein Bestes, stresse mich aber nicht, alles perfekt machen zu wollen.

Nur mit Einkaufszettel

Sich am Wochenende einen Wochenplan zu schreiben und dafür einzukaufen, spart Geld und verhindert Lebensmittelverschwendung. Deshalb kaufe ich meistens gezielt für Gerichte ein. Für mich ist das eine Art Selbstrestriktion. Der Einkaufszettel zwingt mich dazu, mein Ziel nicht aus den Augen zu verlieren und schnell wieder an der Kasse zu sein. Was natürlich nicht heißt, dass ich mich nicht hin und wieder doch zwischen 100 Linsensorten verliere ...

Auf dem Wochenmarkt

Einmal die Woche gönne ich mir einen Bummel über meinen Wochenmarkt. Für mich ist das eine Form der Selbstliebe, meine „Me-Time". Auf dem Markt kaufe ich überwiegend regional ein und oft auch bio. Um Verpackungsmüll zu verhindern, bringe ich eigene Leinenbeutel und Behälter mit und lasse mir diese befüllen. Auch muss ein Markteinkauf nicht zwingend teuer sein. Ich kaufe beispielsweise immer Äpfel und Birnen mit Schalenfehlern vom regionalen Obstbauern, was nicht nur günstig ist, sondern auch Lebensmittelverschwendung reduziert. Es lohnt sich also, mit den Bauern oder Verkäufern ins Gespräch zu kommen und nachzufragen. Außerdem bekommt man auf Wochenmärkten die besten Inspirationen und Rezepttipps von den Standbesitzern oder Verkäufern.

Im Supermarkt

Wir wohnen direkt neben einem Supermarkt, einem Bio-Supermarkt, einer Drogerie mit Bio-Abteilung und einem Discounter. Aus diesem Grund kaufe ich häufig in den ersten beiden ein, gehe aber auch in den Discounter. Dort gibt es bereits unverpacktes Bio-Gemüse und sogar gute Bio-Olivenöle. Um Verpackungsmüll zu sparen, bringe ich auch im Supermarkt meine eigenen Beutel mit.

GESUND ESSEN MIT KLEINEM BUDGET

Mir ist bewusst, dass ich in meinen Rezepten nicht immer nur günstige Zutaten verwende. In diesem Buch habe ich zwar mein Bestes gegeben, überwiegend alltägliche Zutaten zu integrieren, doch an einigen Stellen nutze ich Zutaten, die etwas teurer sind, allem voran Nüsse, Samen und Kerne. Doch aufgrund ihrer hohen Nährstoffdichte braucht man immer nur wenig davon, und so reichen Nüsse oder ein Glas Nussmus meist mehrere Wochen. Gesund essen ist definitiv auch mit kleinem Budget möglich. Die folgenden Tipps können dabei hilfreich sein:

- Selber kochen. Wir alle wissen, dass Essengehen ziemlich teuer sein kann. Auch wenn ein Gericht ein paar teurere Zutaten enthält, ist es in den meisten Fällen immer noch günstiger selber zu kochen als auswärts essen zu gehen.
- Wochenpläne und Einkaufslisten schreiben. Darüber habe ich bereits auf Seite 13 geredet. Beides verhindert Lebensmittelverschwendung, wodurch man Geld spart. Ein Beispiel-Wochenplan befindet sich auf Seite 240.
- Frische, saisonale Produkte aus der Region. Saisonales Obst und Gemüse sind häufig günstiger, da sich die Preise wegen der hohen Verfügbarkeit ziemlich schnell einpendeln.
- Sparen auf dem Wochenmarkt. Das klingt vielleicht wie ein Oxymoron, doch kann man auf dem Markt tolle Schnäppchen ergattern. Dort gibt es häufig Lebensmittel, die nicht der Norm entsprechen und somit als B-Ware günstiger verkauft werden. Auch lohnt es sich gegen Ende des Marktes vorbeizuschauen und Restposten zu ergattern, welche die Standbesitzer günstig loswerden wollen.
- Nur ausgewählte Bio-Produkte kaufen. Die „Clean 15“ sind Lebensmittel, die wenig Pestizidbelastung haben. Dazu gehören u.a. Mais, TK-Erbsen, Zwiebeln, Auberginen, Spargel, Blumenkohl und andere Kohlsorten, Pilze und Melonen. Diese Lebensmittel müssen nicht zwingend in Bio-Qualität gekauft werden.
- Vorkochen. Wer sein Essen mit zur Arbeit nimmt, spart Geld und isst dadurch meistens auch gesünder.
- Gesunde Basis. Lebensmittel wie Kartoffeln, Süßkartoffeln, Vollkornbasmatireis, Vollkornnudeln oder Hirse sind nicht teuer, enthalten aber wertvolle Nährstoffe und sättigende komplexe Kohlenhydrate. So bilden sie eine gesunde Basis für gesunde Mahlzeiten mit wenig Budget.

WAS HAT SAISON?

Sich gesund zu ernähren, bedeutet nicht, dass man teure Superfoods aus dem Supermarkt kaufen muss. Die wahren Helden sind unser heimisches Obst und Gemüse. Gesunde Ernährung beginnt nämlich bei den Jahreszeiten und den Lebensmitteln, die zu einer bestimmten Zeit reif sind. Die Natur hat sich schon etwas dabei gedacht, dass im Herbst Lebensmittel mit besonders hoher Nährstoffdichte, wie Kürbis oder Grünkohl, am besten gedeihen. Oder dass die Sommerbeeren besonders reich an Antioxidantien sind. Das versuche ich mir immer mehr bewusst zu machen.

Saisonales Obst und Gemüse schmecken viel aromatischer als Lagerware, die kürzeren Transportwege verhindern Nährstoffverluste und sparen CO_2 ein. Ganz nebenbei unterstützt man mit dem Kauf von saisonalen Lebensmitteln auch die Bauern aus der Region. Schaffe ich es, immer saisonal und regional einzukaufen? Nein. Auch ich kaufe noch Wassermelonen, Bananen, Ananas oder Zitrusfrüchte. Natürlich auch die ein oder andere Avocado aus Spanien oder Datteln aus Israel. Allerdings versuche ich immer bewusster darauf zu achten, dass der Löwenanteil meiner Ernährung saisonal und regional ist. Die folgende Liste gibt einen knappen Überblick, welche Lebensmittel zu welcher Jahreszeit Saison haben.

Frühling

Obst: Blutorangen, Erdbeeren, Rhabarber, Zitronen
Gemüse: Blumenkohl, Brokkoli, Erbsen, Frühkartoffeln, Frühlingszwiebeln, Karotten, Lauch, Löwenzahn, Radieschen, Rucola, Salate, Spargel, Spinat, Wasserkresse.

Sommer

Obst: Aprikosen, Blaubeeren, Brombeeren, Erdbeeren, Feigen, Himbeeren, Johannisbeeren, Kirschen, Melonen, Nektarinen, Pfirsiche, Pflaumen und Zwetschgen (Spätsommer)
Gemüse: Auberginen, Brokkoli, Fenchel, Frühkartoffeln, Frühlingszwiebeln, Gurken, Karotten, Knoblauch, Kohlrabi, Mangold, Pak Choi, Radieschen, Rote Bete, Rucola, Salate, Tomaten, Zucchini, Zwiebeln

Herbst

Obst: Äpfel, Birnen, Blaubeeren, Brombeeren, Feigen, Holunderbeeren, Mirabellen, Nektarinen, Pflaumen, Weintrauben, Zwetschgen
Gemüse: Auberginen, Blumenkohl, Bohnen, Brokkoli, Champignons, Chinakohl, Erbsen, Fenchel, Frühlingszwiebeln, Grünkohl (nach dem ersten Frost), Gurken, Karotten, Kartoffeln, Knoblauch, Knollensellerie, Kohlrabi, Kürbis, Lauch, Mangold, Pak Choi, Pastinaken, Radieschen, Rote Bete, Rotkohl, Rucola, Salate, Spinat, Spitzkohl, Staudensellerie, Steckrüben, Weißkohl, Wirsing

Winter

Obst: Äpfel, Birnen, Blutorangen, Cranberrys, Mandarinen, Orangen, Zitronen
Gemüse: Blumenkohl, Chicorée, Grünkohl, Kohlrabi, Lauch, Pastinaken, Sellerie, Rosenkohl, Rote Bete, Rotkohl, Spitzkohl, Weißkohl

MEINE EINKAUFSLISTE

In meinem ersten Buch „Himmlisch gesund" habe ich meine Vorräte bereits ausführlich beschrieben, deshalb werde ich hier nicht auf jedes Lebensmittel eingehen. In diesem Kapitel geht es deshalb nur um die vorrätigen Lebensmittel, die aus nichts ein Festmahl zaubern können. Viele sind sehr naheliegend und scheinbar wenig aufregend, aber genau darum geht es ja. Mit wenig Aufwand und Zutaten trotzdem leckeres und nahrhaftes Essen zu zaubern.

Im Vorratsschrank

Apfelessig
heller und dunkler Balsamicoessig
(geröstetes) Sesamöl
Kerne (Sonnenblumenkerne, Kürbiskerne, Pinienkerne)
Knoblauch
Meer- oder Steinsalz und Pfeffer
natives Kokosöl
natives Olivenöl
Nüsse (z.B. Mandeln, Walnüsse, Cashewkerne, Haselnüsse)
Nussmus (Mandel-, Erdnuss-, Cashew- oder Sonnenblumenkernmus)
rote Zwiebeln
Samen (Leinsamen, Chiasamen, Hanfsamen)
Tahin (Sesammus)
Tamari (glutenfreie Sojasauce)

Grundausstattung an Gewürzen

Basilikum, Cayennepfeffer, Chiliflocken, Currypulver, Kräuter der Provence, Kardamom, Koriander, Kurkuma, Kreuzkümmel, Oregano, Thymian, Paprikapulver (edelsüß und geräuchert), Senfsamen, Zimt, Vanille (in Pulverform oder als Schote), Hefeflocken

Pasta, Hülsenfrüchte und (Pseudo-)Getreide

Bohnen aus dem Glas (weiße Bohnen, Kidneybohnen, schwarze Bohnen)
(gekeimter) Buchweizen
Haferflocken (ggf. glutenfrei)
Hirse
Kichererbsen aus dem Glas
Kokosmilch aus der Dose
Linsen (verschiedene Sorten)
Quinoa
Vollkorn-Basmatireis
Vollkornpasta, z.B. aus Dinkel
Vollkornpasta (glutenfrei), z.B. aus Kichererbsen, Erbsen, Linsen
(Vollkorn-)Reisnudeln

Eingemachtes und Eingelegtes

gegrillte Paprika im Glas
getrocknete Tomaten (pur oder in Olivenöl eingelegt)
Tomaten aus der Dose (ganz und gehackt)

Im Kühlschrank

Currypasten
Dijon-Senf und grobkörniger Senf (ohne Zuckerzusatz)
frischer Ingwer und Kurkuma
Gemüse (bunt und saisonal)
Gemüsebrühepaste
Hafermilch (ggf. glutenfrei oder pflanzliche Milch nach Wahl)
(Kokos-)Joghurt
Misopaste

Oliven im Glas
Tomatenmark aus dem Glas
Zitronen und Limetten

Im Tiefkühler
Bananen
Beeren
Blumenkohl
Brokkoli
Erbsen
gehackter Ingwer
gehackter Knoblauch
gewürfelte Zwiebeln
Spinat

Natürliche Süße
Ahornsirup
brauner Reissirup
Datteln
Kokosblütenzucker
roher Honig

Mehle
Dinkelvollkornmehl
Dinkelmehl Type 1050 und 630
glutenfreies Weinstein-Backpulver
Kichererbsenmehl
Natron

Glutenfreie Mehle
Buchweizenmehl
Flohsamenschalen
Hirsemehl
Pfeilwurzelstärke (alternativ Bio-Kartoffelstärke oder Bio-Maisstärke)
Rohkakao oder normaler Backkakao
Vollkornreismehl

GANZHEITLICH GESUND LEBEN – AUCH IM ALLTAG

Gesundheit ist so viel mehr als nur Ernährung. Bewegung, frische Luft, soziale Kontakte und unsere Gedanken spielen eine ebenso große Rolle. Viele Menschen entwickeln erst über die Ernährung ein Bewusstsein für Gesundheit. So war es auch bei mir. Wenn man anfängt, seine Ernährung umzustellen, hinterfragt man auf einmal die Kosmetik, die man benutzt, die Reinigungsmittel, mit denen man putzt, und die Kleidung, die man trägt. Es ist ein schleichender, aber fast unaufhaltsamer Prozess. Natürlich muss man nicht alles im Leben radikal verändern, um gesund zu leben. Doch ihr werdet merken, dass dieser Prozess ganz natürlich eintreten wird, sobald man sich mehr mit Gesundheit, Selbstliebe und Nachhaltigkeit beschäftigt.

Realistische Morgenrituale

Morgenroutinen sind etwas Tolles. Sie bringen Ruhe und Entspannung in die Morgenstunden. Doch seien wir mal ehrlich: Die wenigsten von uns haben morgens stundenlang Zeit für Rituale. Für mich gibt es jedoch zwei Dinge, die ich wirklich jeden Morgen mache. Sie nehmen nur wenig Zeit in Anspruch und haben trotzdem einen großen Effekt: den Tag mit einem großen Glas Wasser beginnen und fünf Minuten mit einem warmen Getränk in Ruhe auf der Couch sitzen. Manchmal meditiere ich dabei, manchmal atme ich einfach nur oder lausche dem Vogelgezwitscher. Diese fünf Minuten sind mir heilig und tun unfassbar gut. Und fünf Minuten hat wirklich jeder. Am liebsten trinke ich dabei warmes Wasser mit Zitrone und Ingwer, eine Kurkuma-Latte (Seite 36), einen Wellness-Latte (Seite 239) oder einen leckeren Kaffee mit Hafermilch und ggf. Zimt und Kardamom.

Selbstliebe

Gesundheit ist nicht nur eine Sache der Ernährung. Unsere mentale Gesundheit ist ebenso wichtig wie unsere körperliche. Selbstliebe spielt hier eine große Rolle, worüber ich bereits in *Himmlisch gesund* ausführlich geschrieben habe. Eine Mini-Übung, die mir sehr geholfen hat, ist jeden Abend drei Dinge aufzuschreiben, auf die ich stolz bin, und drei Dinge, für die ich dankbar bin. Man merkt schnell, wie viel glücklicher und dankbarer man schon nach kurzer Zeit durch die Welt geht, wenn man sich auf das Positive fokussiert.

Naturkosmetik

Ich verwende seit einigen Jahren fast ausschließlich Naturkosmetik. Nicht nur für meine Gesundheit, sondern auch der Natur zuliebe. Neben altbekannten Firmen wie Dr. Hauschka oder Weleda gibt es tolle junge Firmen, die nachhaltige Naturkosmetik und Make-up anbieten. Gesichtsmasken, Peelings oder Hautpflege mache ich sogar manchmal selber. Das klingt vielleicht etwas sehr hippiemäßig, doch macht es mir einfach super Spaß, und ich weiß dann genau, was in meiner Kosmetik drin steckt. Die Zutaten dafür finde ich in der Apotheke, in der Drogerie, in Unverpackt-Läden, in Bio-Märkten, an Ständen auf meinem Wochenmarkt oder online. Die klärende Maske, die Bodylotion-Bars und das Salzpeeling kommen bei mir häufig zum Einsatz.

Gesichtsmaske bei unreiner Haut

2 EL Heilerde (aus der Drogerie oder Apotheke)
1 TL roher Honig
1 EL gefiltertes Wasser

Alle Zutaten zusammenrühren, bis eine cremige Konsistenz entsteht. Die Maske auf das gereinigte Gesicht (und Hals und Dekolleté) auftragen und ca. 20 Minuten einwirken lassen. Mit einem warmen Waschlappen abnehmen.

Bodylotion-Bars

30 g Kokosöl (alternativ Mandel- oder Jojobaöl) + etwas zum Einfetten des Blechs
30 g Sheabutter (oder Kakaobutter)
30 g Bienenwachs
6 Tropfen eines ätherischen Öls nach Wahl (ich mag Zitrone, Orange oder Lavendel)

Drei Mulden eines beschichteten Muffinblechs mit Kokosöl einfetten. Sheabutter, Kokosöl und Bienenwachs über dem Wasserbad schmelzen. Kurz etwas abkühlen lassen und die ätherischen Öle nach Wahl dazugeben. Alles gut verrühren und in die Muffinformen füllen. Im Kühlschrank erkalten lassen, herausnehmen und am besten lichtgeschützt in Dosen lagern. Nach dem Duschen die Stücke in kreisenden Bewegungen über raue Stellen am Körper wie Ellenbogen oder über dem gesamten Körper verteilen. Die Bodylotion-Bars halten sich ca. 6 Monate.

Erfrischendes Salzpeeling

20 ml Mandelöl
8 Tropfen ätherisches Öl (z.B. Zitrone)
200 g Meersalz
1 Schraubglas

Das Mandelöl mit den ätherischen Ölen mischen und über dem Meersalz verteilen. Gut umrühren und in einem Schraubglas aufbewahren. Den Körper oder die Hände damit regelmäßig einreiben und unter der Dusche abspülen. Das Peeling hält sich ca. 6 Monate lang.

Biologisch abbaubare Reinigungsmittel

Konventionelle Putzmittel enthalten häufig umwelt- und gesundheitsschädliche Inhaltsstoffe. Heutzutage gibt es bereits eine Vielzahl an Bio-Reinigungsmitteln, die überwiegend aus nachwachsenden Rohstoffen bestehen und die Umwelt weniger beeinträchtigen. Komplett nachhaltige Reinigungsmittel können auch selber gemacht werden, z.B. mit Essig, Zitronensäure und Natron.

Faire und gesunde Mode

Konventionelle Mode enthält häufig giftige Schadstoffe, die nicht nur unserer Gesundheit, sondern auch der Umwelt schaden. Mal davon abgesehen, dass jeder von uns genug Kleidung besitzt, ist faire und nachhaltige Mode eine gesündere Alternative zu herkömmlicher Kleidung. Öko-Mode bedeutet auch schon lange nicht mehr nur Jute- und Hanfkleider. Heute gibt es faire und nachhaltig produzierte Kleidung in allen Farben und Formen. Das Nachhaltigste wäre natürlich, gar nichts Neues bzw. Secondhand zu kaufen. Doch ich gönne mir ab und zu neue Kleider und unterstütze dann gerne junge, faire Labels aus Deutschland oder Europa.

Nachhaltigkeit im Alltag

Eine pflanzliche Ernährung ist bereits ein großer, nachhaltiger Schritt. Nachhaltigkeit hört allerdings nicht bei einer pflanzlichen Ernährung auf. Jeder von uns trägt eine Verantwortung gegenüber kommenden Generationen und dem Zustand unserer Erde. Ich bin kein Experte auf dem Gebiet und möchte hier auch sicher niemanden belehren. Doch versuche ich selber kontinuierlich an meinem ökologischen Fußabdruck zu arbeiten und lerne täglich Neues dazu. Es fängt schon damit an, beim Einkaufen immer eigene Beutel mitzubringen. So simpel, aber so effektiv. Die folgenden Ideen haben ebenfalls einen großen Effekt:

- Weniger Fleisch und Milchprodukte essen. Die Wissenschaft ist sich einig, dass der weltweit enorm gestiegene Fleischkonsum einen erheblichen Anteil an der Klimakrise hat. Diverse Studien haben bereits gezeigt, welch positiven Einfluss der Verzicht auf Fleisch und Milchprodukte auf das Klima hat. Dabei hilft bereits ein fleischfreier Tag in der

Woche, wie Initiativen wie der Meatless Monday zeigen.

- Weniger konsumieren. Wir besitzen alle viele Dinge, die wir überhaupt nicht benötigen. Das merkt man meistens erst in Ferienwohnungen oder im Urlaub. Öfter mal Dinge zu reparieren oder auszuleihen tut nicht weh und ist nachhaltiger und günstiger als ständig neu zu kaufen.
- Nachfüllbare Trinkflaschen. Wenn wir uns alle angewöhnen, immer eine nachfüllbare Trinkflasche und einen Kaffeebecher dabei zu haben, können wir Mengen an Plastik und To-Go-Bechern einsparen.
- Im Supermarkt die unverpackten Lebensmittel vorziehen. Das setzt auch im Handel ein Zeichen. Mittlerweile gibt es auch unverpackte Bio-Lebensmittel in Supermärkten.
- Ein Herz für die Single-Bananen. Kauft in Supermärkten die einzelnen Bananen, die sonst niemand mehr haben möchte. Sie werden mit am häufigsten von Supermärkten aussortiert.
- Von Flüssigseife auf Stückseife umsteigen. Und einfach mal bei Oma und Opa nachfragen, wie sie früher gelebt haben.
- Selber machen. Nussmus, Gemüsebrühe, Hummus oder Aufstriche selber machen spart Verpackungsmüll und Transportkosten und somit CO_2.
- Die Suchmaschine wechseln. Die grüne Suchmaschine Ecosia pflanzt aus ihren Gewinnen Bäume auf der ganzen Welt.

All diese Dinge tun uns nicht weh und schränken uns im Alltag nicht einmal groß ein. Es sind diese kleinen Verhaltensänderungen, mit denen wir auch im Alltag die Welt ein klein wenig retten können.

MEAL PREP: DURCH VORKOCHEN DEN ALLTAG ERLEICHTERN

Beginnen wir mit einer Beichte. Auf meinem Blog und bei Instagram teile ich gerne Ideen zum Vorkochen, weil ich weiß, wie hilfreich diese Rezepte im stressigen Alltag sein können. Auch ich nutze das Prinzip des Vorkochens, jedoch halte ich mich selten an genaue Anleitungen oder Rezepte. Mein Meal Prep besteht darin, dass ich mir am Wochenende überlege, was ich in der nächsten Woche kochen möchte. Dafür kaufe ich ein und koche dann gerne eine große Ladung Quinoa, Hirse oder Vollkornreis vor. Wenn ich dann noch Lust habe, bereite ich einige Saucen vor und eventuell noch ein paar Snacks. Das war's eigentlich. Das (Pseudo-)Getreide kombiniere ich dann abends mit frischem oder geröstetem Gemüse und den Saucen und werte es mit aufregenden Zutaten wie Dukkah (Seite 38) oder Kimchi (Seite 42) auf. Dadurch entstehen sogenannte „Bowls", die himmlisch schmecken und voller guter Vital- und Nährstoffe stecken. Haute Cuisine ist das sicher nicht, doch es schmeckt uns und erleichtert unseren Feierabend. Ziehe ich das jede Woche durch? Natürlich nicht. Auch bei uns gibt es das typische Abendbrot, z.B. mit Aufstrichen von Seite 77, denn auch ich bin nicht immer vorbereitet.

Ich bin also definitiv kein „Meal-Prep"-Profi, sondern ein ganz normaler Mensch, der versucht, mit wenigen Handgriffen den Alltag und gesunde Ernährung unter einen Hut zu bekommen. Keinesfalls möchte ich hier jemandem vorgaukeln, dass es total einfach ist, im stressigen Leben auch noch täglich frisch und gesund zu kochen. Es erfordert einiges an Disziplin, Planung und Übung. Doch hat man es einmal für sich entdeckt, merkt man schnell, wie sich Vorkochen auf das eigene Wohlbefinden auswirkt. Wie es Stress im Alltag reduziert, wie es Entscheidungsmüdigkeit und Lebensmittelverschwendung verhindert. Vorkochen ist sicher nicht für jeden geeignet, doch wer sich langfristig gesund im Alltag ernähren möchte, kommt um ein wenig Planung nicht herum.

Meal Prep – Kochen ohne genaue Anleitung

Es gibt nicht die eine Superformel fürs Vorkochen. Wir sind alle individuell, unsere Alltage sehen anders aus und wir haben unterschiedliche Vorlieben. Meal Prep bedeutet nicht, sich an ein konkretes Rezept und an einen exakten Plan zu halten. Es ist also nicht so einfach wie einem Rezept von Anfang bis Ende zu folgen. Es gibt keine genaue Definition, was Meal Prep bedeutet, denn es ist eher ein Konzept, das jeder für sich entwickeln muss. Um ein grobes Verständnis vom Meal Prep zu gewinnen, habe ich drei verschiedene Arten des Meal Preps aufgelistet. Sie gehen von einfach bis aufwendig und lassen Platz für eigene Kreativität.

Einmal kochen, mehrmals essen

Das Prinzip des Vorkochens hat viele Varianten. Es gibt mehrere Möglichkeiten, sich das Kochen während der Woche einfacher zu machen. Das wohl bekannteste Prinzip ist einmal zu kochen und zweimal zu essen. Das machen wir alle bereits unbewusst, wenn wir Reste vom Vortag essen. Ich koche gerne bewusst die doppelte Menge eines Rezeptes und esse es am nächsten Tag zum Mittag. Dies ist eine der leichtesten Möglichkeiten, sich gesünder zu ernähren, weil sie so gut wie keine Vorbereitung benötigt.

Grundzutaten vorkochen

Noch einen Schritt weiter geht man, wenn man bereits Grundzutaten vorkocht. Häufig steht in Rezepten als Zutat „gekochter Vollkornreis" oder „gekochte Linsen". Da ärgert man sich dann schnell, denn wie soll man mal eben gekochte Linsen aus dem Hut ziehen? Außerdem bilden (Pseudo-)Getreidesorten wie Quinoa, Hirse oder Vollkorn-Basmatireis bei mir häufig die Basis meines Abendessens, das ich nur noch mit frischem oder geröstetem Gemüse und ein paar Extras aufpeppe. Deshalb ist es wirklich sinnvoll, schon am Sonntag eine große Portion (Pseudo-)Getreide oder Hülsenfrüchte und auch Ofengemüse vorzukochen. So hat man bereits Grundkomponenten einer gesunden Mahlzeit im Kühlschrank und kann zur Not sogar nur Hirse mit etwas Gemüse essen, wenn es mal richtig schnell gehen muss. Gekochtes Getreide hält sich in luftdichten Behältern locker 3–4 und Ofengemüse ca. 2-3 Tage.

Das volle Programm: Frühstück, Mittag, Snacks, Dressings und Saucen vorbereiten

Wer so richtig ins „Vorkochen-Business" einsteigt, bereitet nicht nur Grundzutaten vor, sondern auch Frühstück, Snacks und Saucen. Die wohl einfachsten Snacks sind pure Mandeln, Obst und Gemüsesticks, doch gibt es auch hier immer noch Luft nach oben. Schnelle Kekse, Energy Balls oder Hummus sind prima Snacks für zwischendurch. Ich bereite beispielsweise gerne die Saucen und Dressings von Seite 161 bereits am Sonntag zu und mache eine große Ladung Hummus (Seite 38). Wenn ich dann noch Lust habe, gehen noch schnell die Cracker von Seite 213 in den Ofen. Dadurch verringert sich auch mein Abwasch in der Woche am Abend enorm. Wer mag, kann sogar schon die Salate von Seite 160 vorbereiten und nur die Dressings separat lagern. Auch Overnight Oats (Seite 48) oder Birchermüsli (Seite 51) kann man bereits für 2–3 Tage vorbereiten. So muss man sich das Essen morgens nur noch aus dem Kühlschrank holen.

Meal Prep Schritt für Schritt

1. Schreibe einen Wochenplan

   Suche dir Rezepte aus Kochbüchern, von Pinterest, Blogs oder Instagram und schreibe sie in einen Wochenplan. Über den QR-Code auf Seite 241 findest du z.B. ein PDF zum Herunterladen oder du schreibst dir selber einen handschriftlichen Wochenplan. Man kann ganze Wochenpläne inklusive Frühstück und Snacks entwerfen oder nur die Abendessen oder Mittagessen planen.

2. Schreibe eine Zutatenliste

   Idealerweise kauft man am Samstag bereits viele Zutaten für die Rezepte der nächsten Woche ein. Einige Gemüsesorten halten sich locker eine Woche im Kühl- oder Vorratsschrank (Süßkartoffeln, Paprika, Zucchini), andere sollte man eher frisch kaufen (Rucola, Blattgemüse etc.). Realistischer ist es deshalb, einmal am Samstag und einmal am Mittwoch einkaufen zu gehen.

3. Sunday – Funday

   Sonntags geht es in der Küche rund. Man sollte sich zwischen einer und zwei Stunden am Sonntag Zeit nehmen, um Grundzutaten, wie (Pseudo-)Getreide, geröstetes Gemüse, Saucen, Snacks oder Frühstück vorzubereiten. Wichtig ist, dass alles gut abkühlt, bevor man es in luftdichte Behälter umfüllt. Da die Haltbarkeit von Vorgekochtem variiert, teile ich mir die Arbeit auf Sonntag und Mittwoch auf.

4. Die Früchte ernten

   Die Zeit, die man am Sonntag und Mittwoch in der Küche investiert, zahlt sich in der Woche so richtig aus. Es lohnt sich genau dann, wenn man nach der Arbeit hungrig nach Hause kommt und bereits leckere Dinge wie Hummus, Cracker, Gemüsesticks oder geröstetes Gemüse vorfindet. Egal ob man gerne bunte Bowls isst oder lieber warme Gemüsepfanne wie auf den Seiten 175–177, durchs Vorkochen hat man abends viel weniger Stress und somit Zeit für die wirklich wichtigen Dinge.

5. Die Einkaufslisten und Wochenpläne aufheben
   Man braucht sie ja nicht sofort zu wiederholen, aber alle drei bis vier Wochen kann man ruhig wieder darauf zurückkommen, wenn es allen geschmeckt hat.

Vorteile des Vorkochens

Eine ausgewogene Ernährung führt generell bei vielen Menschen zu mehr Wohlbefinden. Gute Vorbereitung sorgt dafür, dass man immer eine schnelle Mahlzeit oder einen Snack parat hat. Das wiederum verhindert Energietiefs und den Griff zu verarbeiteten Lebensmitteln, die vielleicht lecker schmecken, aber dem Körper wenig Gutes tun. Durch geplantes Vorkochen hat man also mehr Energie, häufig auch eine bessere Verdauung und gesteigerte Konzentration und Fokus im Alltag.

Langeweile? Absolut nicht.

Es klingt vielleicht langweilig, eine Woche lang immer das Gleiche zum Frühstück oder zu Mittag zu essen. Doch glaubt mir, das tut es nicht. Mit ein paar kleinen Tricks kann man selbst bei Dingen wie Porridge oder Haferflocken eine überraschende Vielfalt kreieren. Verschiedene saisonale Kompotts machen das Frühstück zum Beispiel immer wieder interessant. Oder man bringt mit verschiedenen Gewürzen Abwechslung in die Küche. Außerdem nimmt es mir persönlich einen großen Stressfaktor, wenn ich weiß, was es morgen zum Frühstück gibt. Die Freude über die vorbereitete Mahlzeit ist häufig so groß, dass man oft vergisst, dass man eine ähnliche Mahlzeit bereits am Vortag hatte.

Wie entsteht eine schnelle, gesunde Mahlzeit?

Eine große Hürde, die viele davon abhält, selber gesund zu kochen, ist das Missverständnis, dass gesunde Mahlzeiten kompliziert und aufwendig sein müssen. Wir essen abends häufig bunte Bowls, die spontan aus den Zutaten bestehen, die wir vorrätig haben. Dafür kochen wir also keine kompletten Rezepte nach, sondern nutzen die Zutaten, die wir bereits am Sonntag (oder Mittwoch) vorbereitet haben. Dieses „Mix-&-Match"-Prinzip ist im Grunde nichts anderes, als man es von bunten Salaten gewohnt ist. Nur dass man eben drauf achtet, dass immer komplexe Kohlenhydrate, Proteine und Fette dabei sind, damit die Mahlzeiten sättigen und den Körper nähren. Die folgende Tabelle gibt einen groben Überblick über diese „alte-neue" Art des Essens. Im Prinzip kann man durch das Vorkochen der Basiszutaten und beispielsweise geröstetem Gemüse mit Hilfe der Dressings im Nu nahrhafte Mahlzeiten zusammenstellen. Das Beste: Die Kombinationsmöglichkeiten sind schier unbegrenzt, wodurch keine Langeweile entsteht. Die Tabelle auf der folgenden Seite gibt einen Überblick über dieses „Mix-&-Match"-Prinzip.

Basiszutaten aus komplexen Kohlenhydraten und pflanzlichen Proteinen	Frisches oder vorgekochtes Gemüse	Pflanzliche Proteine zum Sattwerden	Gesunde Fette für Gehirn, Hormone und eigentlich alle Körperfunktionen	Dressing oder Sauce für den Geschmack und Vitaminaufnahme	i-Tüpfelchen
Quinoa	Süßkartoffeln	Kichererbsen	Walnüsse	Honig-Senf-Dressing (S. 154)	weißer oder schwarzer Sesam
Hirse	Rote Bete	Linsen	Mandeln	rotes Pesto (S. 197)	geröstete Kerne
Vollkornnudeln	Karotten	Bohnen	Kürbiskerne	Harissa-Mayo (S. 192)	frische Kräuter
Vollkorn-Basmatireis	Paprika	Erbsen	Sonnenblumenkerne	Orangen-Dressing (S. 127)	fermentiertes Gemüse
Buchweizen	Brokkoli	Tempeh	geschrotete Leinsamen	Erdnuss-Sesam-Sauce (S. 172)	Hanfsamen
Dinkel (nicht glutenfrei)	Zucchini	Tofu	getrocknete, eingelegte Tomaten	einfaches Olivenöl-Dressing (S. 161)	Dukkah (S. 38)
(Glutenfreie) Bio-Gnocchi	dunkles Blattgemüse wie Spinat, Mangold, Grünkohl etc.	in Tamari gebratene Pilze	Oliven	Kurkuma-Mandel-Sauce (S. 172)	Kimchi (S. 42)

Die Sache mit der Phytinsäure

Einige (Pseudo-)Getreidesorten und Hülsenfrüchte bedürfen besonderer Vor- und Zubereitung. Gerade Hirse oder Quinoa sollte man vor dem Kochen immer heiß abwaschen, um enthaltene Bitterstoffe zu entfernen. Das Gleiche gilt für Linsen oder Reis, den man so lange waschen sollte, bis das Wasser klar ist. Die meisten (Pseudo-)Getreidesorten sowie Hülsenfrüchte sollten vor dem Kochen einige Stunden eingeweicht werden, um die enthaltene Phytinsäure zu entfernen. Phytinsäure kann die Aufnahme von Mineralstoffen, wie z.B. Kalzium, oder auch von Spurenelementen wie Zink hemmen. Das Einweichen in klarem Wasser reduziert den Phytinsäureanteil und macht die Lebensmittel wesentlich besser bekömmlich. Quinoa enthält von allen (Pseudo-)Getreidesorten mit am wenigsten Phytinsäure, weshalb sie zu meinen Favoriten in der Küche gehört. Bei Zeitmangel fürs Einweichen wird empfohlen, etwas Säure (z.B. Apfelessig) zum Kochwasser der Lebensmittel zu geben, was den Phytinsäuregehalt reduzieren soll.

Hülsenfrüchte, Getreide und Pseudogetreide vorkochen

	Einweichzeit	Wassermenge	Kochzeit	Haltbarkeit
Hirse	2–4 Stunden (nicht zwingend notwenig)	doppelte Menge	10 Minuten + 10 Minuten Quell-zeit	3–4 Tage
Quinoa	2–4 Stunden (nicht zwingend notwenig)	doppelte Menge	12–14 Minuten	3–4 Tage
rote Linsen	keine	doppelte Menge	12–15 Minuten	3–4 Tage
Belugalinsen (und andere kleine Linsen)	2–4 Stunden (nicht zwingend notwenig)	doppelte Menge	20 Minuten	3–4 Tage
Tellerlinsen	2–4 Stunden	doppelte Menge	30–40 Minuten	3–4 Tage
Vollkorn-Basmatireis	keine	doppelte Menge	40 Minuten	4–5 Tage
Buchweizen	8 Stunden	doppelte Menge	15–20 Minuten	3 Tage
Kichererbsen	20–24 Stunden	vierfache Menge	2–2 ½ Stunden	3–4 Tage
weiße Bohnen	12 Stunden	vierfache Menge	1 Stunde	3–4 Tage

Und wie fängt man jetzt an?

Im Kapitel Meal Prep (Seite 159–178) finden sich einige Ideen und Rezepte, die als Anregung dienen sollen.Meal Prep bzw. Vorkochen bedeutet allerdings nicht, ein Rezept von Anfang bis Ende zu befolgen. Es ist eher eine intuitive und individuelle Sache. Es fordert ein klein wenig Kreativität und Eigeninitiative. In dem Kapitel habe ich ein paar Ideen aufgeschrieben, doch sie sind genau das: Ideen und Inspirationen. Nutzt die Zutaten, die ihr vorrätig habt. Nutzt die Lebensmittel, die aufgebraucht werden müssen, oder die Getreidesorten, die ihr besonders gerne mögt. Vorkochen bedarf etwas an Regelmäßigkeit und Routine, es gibt kein Richtig und Falsch. Fangt einfach an und schaut, ob und wie es in euer Leben passt.

BEVOR DAS KOCHEN BEGINNT, EIN PAAR WORTE ZU …

… B12

B12 ist ein Vitamin, das nur in tierischen Lebensmitteln enthalten ist. Menschen, die sich ausschließlich vegan ernähren, müssen es durch qualitativ hochwertige Nahrungsergänzungsmittel substituieren. B12 ist u.a. wichtig für die Zellteilung, das Nervensystem und die Blutbildung.

… Gluten

Ich selber ernähre mich nicht glutenfrei, sondern vollwertig. Das bedeutet, ich esse Lebensmittel, die Roggenmehl, Dinkelmehl oder andere Urkörner enthalten. Hauptsächlich verwende ich Dinkelvollkornmehl oder Dinkelmehl Type 1050 oder 630.
Da meine Schwester jedoch Zöliakie hat, die schwerste Form der Glutenunverträglichkeit, sind alle Rezepte in diesem Buch natürlich glutenfrei oder enthalten glutenfreie Varianten. Die einzige Ausnahme sind die Vollkorn-Burgerbrötchen von S. 195. Häufig verwende ich in meinen Rezepten deshalb Vollkornreismehl, Buchweizenmehl oder gemahlene (glutenfreie) Haferflocken. Da glutenfreien Mehlen das Bindeeiweiß Gluten fehlt, gebe ich in einigen Backrezepten Pfeilwurzelstärke oder Flohsamenschalen dazu. Dies fördert die Elastizität der Teige. Wer sich nicht glutenfrei ernährt, kann in den meisten Rezepten die glutenfreien Mehle durch Dinkelvollkornmehl ersetzen.

… Küchengeräten

Die mir am häufigsten gestellte Frage lautet: Brauche ich eine teure Küchenmaschine, um so zu kochen wie du? Die Antwort ist: Es kommt drauf an. Eine Küchenmaschine, die zerkleinern kann, wird auch Häcksler oder auf Englisch Food Processor genannt. Sie macht einem das Leben nicht nur einfacher, sondern hilft langfristig auch dabei, Geld zu sparen. Doch ist eine solche Maschine eine teure Anschaffung, die auch ziemlich viel Platz in der Küche wegnimmt. Ich rate jedem erst einmal, in einen sehr guten Pürierstab zu investieren. Es gibt bereits Pürierstäbe, die man auf Behälter draufsetzen kann und die ganz tolle Pestos und Cremes und auch Hummus zubereiten können. Mit der Zeit kann man dann sparen und irgendwann in einen leistungsstärkeren Food Processor investieren.

… Nährwertangaben und Kalorien

Ernährung hat sich in den letzten Jahrzehnten zu etwas sehr Striktem entwickelt. Die Diätindustrie hat leider jahrzehntelang ihr Bestes gegeben, um Essen mit schlechtem Gewissen zu verbinden. Kein Wunder, dass vielen da die Freude und Lust an ausgewogener Ernährung vergangen ist. Dabei sollte genau das Gegenteil der Fall sein: Essen sollte doch etwas sein, das wir feiern und wofür wir dankbar sein sollten. Es nährt uns, macht uns stark, verbindet und schafft Erinnerungen. Aus diesem Grund findet ihr in diesem Buch keine Nährwertangaben oder Kalorien. Stattdessen ist unter jedem Rezept wie schon in meinem ersten Buch kurz beschrieben, warum ein Rezept gut für den Körper und die Seele ist. So wird der positive Aspekt einer Mahlzeit hervorgehoben, was das Leben doch viel schöner macht.

… Salz

Salz ist eine essentielle Zutat in der Küche. Es gibt allerdings große qualitative Unterschiede, die man beim Kauf von Salz beachten sollte. Neue Studien haben ergeben, dass Meersalz leider immer häufiger Mikroplastik enthält. Zwar sind die Belastungen wohl noch gering, doch da die Plastikverschmutzung der Meere zunimmt, wird wohl auch Meersalz in Zukunft stärker mit Mikroplastik belastet sein. Mikroplastikfreie Alternativen sind Steinsalz oder Kristallsalz, wobei Steinsalz aus der Region kommt und so die ökologischere Variante ist. Beides findet man bereits in den meisten Supermärkten.

... Zucker

In meinem ersten Buch habe ich bereits viel über die Auswirkungen von Zucker auf unseren Körper gesprochen. Ich vermeide raffinierten Zucker so gut es geht und greife in Backrezepten lieber auf unraffinierte Alternativen wie Apfelmark (ungesüßtes Apfelmus), Bananen, Datteln, Honig, Reissirup, Ahornsirup oder Kokosblütenzucker zurück. Im Vergleich zu weißem Zucker enthalten diese Zuckeralternativen noch einige bis viele Mineralstoffe. Der große Unterschied ist, dass z.B. Apfelmark, Bananenpüree oder Datteln neben Zucker auch noch Ballaststoffe enthalten, weshalb der Zucker in diesen Lebensmitteln den Blutzuckerspiegel nicht so stark ansteigen lässt wie isolierter Zucker. Deshalb süße ich am liebsten mit den oben genannten Mitteln.

... positiven Labels

Ich bin kein Fan von Labels. Ich gebe meiner Ernährung keinen Stempel und fühle mich wohler dabei. Alle Rezepte in diesem Buch sind vegetarisch. Alle Rezepte in diesem Buch sind vegan, mit Ausnahme von Rezepten, in denen Honig verwendet wird. Alle Rezepte sind ebenfalls glutenfrei oder mit glutenfreier Option (außer die Dinkelvollkorn-Burgerbrötchen auf S. 189). In diesem Buch habe ich mich aber dafür entschieden, positive Labels zu verwenden. Mit ihnen sieht man sofort, wie ein Gericht dem Körper gut tut und ob es ein schnelles oder zeitaufwendiges Rezept ist. Die folgenden Labels werden in diesem Buch verwendet:

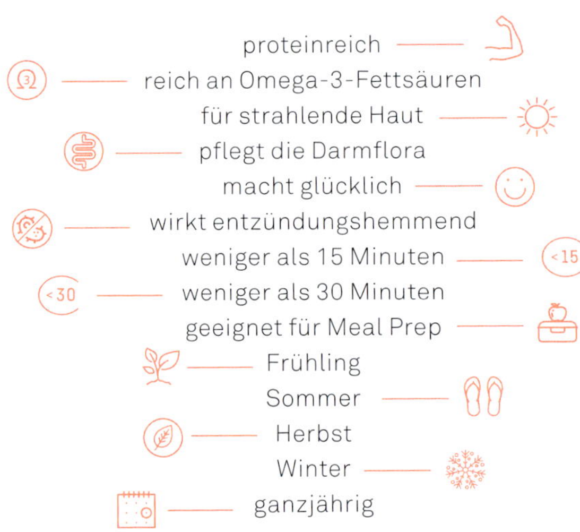

MAGISCHE „IMMER-AUF-VORRAT"-REZEPTE

In meinem ersten Buch habe ich bereits einige Basisrezepte geteilt. Sie machen einfach alles besser und geben langweiligem Gemüse mehr Pepp. Von den Rezepten in diesem Kapitel habe ich immer Nussmus, Müsli und Gemüsebrühepaste vorrätig. Sobald etwas davon aufgebraucht ist, mache ich Neues, was bei den drei Rezepten eine Sache von 5–10 Minuten ist. Natürlich kann Gemüsebrühepaste in den Rezepten in diesem Buch einfach durch gute gekörnte Brühe ersetzt werden, doch probiert es mal aus – dieses Rezept ist wirklich lebensverändernd. Außerdem macht es unheimlich Spaß, eigene Gewürzmischungen wie Dukkah (Seite 38) oder Currypaste (Seite 41) herzustellen. Ich weiß, wir haben alle wenig Zeit, und es wäre viel einfacher, die Beilagen, Saucen und Gewürzmischungen in diesem Kapitel zu kaufen. Doch kann man durch ihre Zubereitung nicht nur Zeit, sondern auch Geld sparen. Selbst gemachter Hummus braucht gerade mal 5 Minuten Zubereitungszeit und ist nicht nur günstiger, sondern auch gesünder. In vielen Currypasten stecken ungewollte Geschmacksverstärker oder Zucker, und Nussmus kann gekauft ganz schön ins Geld gehen. Betrachtet dieses Kapitel als eine Investition in eure Gesundheit und nutzt die Zubereitung als kleine Achtsamkeitsübung.

5 MIN.

INSTANT-NUSSMILCH

Pflanzliche Nussmilch kann man durch langes Einweichen, Pürieren und „Auswringen" der Nüsse machen oder man nutzt diese simple Last-Minute-Lösung. Einfach Nussmus mit Wasser pürieren und fertig. Ist auch prima für unterwegs oder auf Reisen geeignet.

Für 800 ml

4 EL Nussmus

750 ml Wasser

- Das Nussmus mit dem Wasser in einem Mixer oder mit dem Pürierstab kräftig mixen, bis es eine cremige Konsistenz erreicht hat. Nach Geschmack mehr oder weniger Nussmus verwenden oder mit 1 TL Ahornsirup oder Reissirup sowie Gewürzen wie Zimt oder Vanille verfeinern.

5 MIN.

PFLANZLICHE SAHNE

Pflanzliche Sahne enthält im Supermarkt häufig Stabilisatoren, Zucker und Zusatzstoffe. Diese Variante spart Geld, Zeit und Verpackungsmüll.

Für 250 ml

100 g helles Mandelmus, Cashewmus oder Sonnenblumenkernmus

150 ml Wasser

- Beide Zutaten in einer tiefen Schüssel mit einem Schneebesen vermengen. Am besten immer frisch für Rezepte anrühren.

1 MIN.

KURKUMA-LATTE-GEWÜRZMISCHUNG

Mit dieser Mischung kann man im Nu eine Kurkuma-Latte, auch Goldene Milch genannt, zaubern. Sie wirkt beruhigend und schmeckt mir besonders nachmittags oder abends vor dem Schlafengehen. Bei allen Zutaten handelt es sich um gemahlene Gewürze.

Für 6 Kurkuma-Latte

3 EL Kurkuma
1 EL Zimt
½ TL Kardamom
1 TL Ingwer
2 Prisen Vanille
½ TL schwarzer Pfeffer

- Alle Zutaten in einem luftdichten Glas vermengen.
- Für eine Kurkuma-Latte 1 TL der Gewürzmischung in 250 ml warme oder aufgeschäumte (pflanzliche) Milch rühren. Ggf. mit etwas Honig süßen und genießen.

15–20 MIN.

NUSSMUS

Ich mag mein Nussmus am liebsten geröstet. Dieses Rezept funktioniert leider nicht mit einem Pürierstab oder schwachen Gerät, da hier die Gefahr der Überhitzung groß ist.

Für 300 g Nussmus

300 g Nüsse nach Wahl (oder Sonnenblumen- oder Kürbiskerne)
1 Prise Meer- oder Steinsalz

- Den Backofen auf 160 °C Umluft (180 °C Ober- und Unterhitze) vorheizen. Die Nüsse auf einem Backblech verteilen und ca. 5–8 Minuten rösten, bis sich ihr Aroma entfaltet. Beim Ofen stehen bleiben, damit nichts anbrennt. Haselnüsse sollten an dieser Stelle von ihrer Schale befreit werden.
- Auf hoher Stufe ca. 4–5 Minuten zermahlen. Eventuell das Mus von den Rändern herunterschieben und heiß gelaufenen Küchengeräten eine Pause gönnen. Dann weitere 3–5 Minuten pürieren, bis es eine leicht flüssige Konsistenz angenommen hat.
- In einem luftdichten Glas hält sich das Nussmus im Kühlschrank mindestens 2–3 Wochen.

GEBACKENES, WIRKLICH ZUCKERFREIES MÜSLI

Ja – Müsli, nicht Granola. Mit dem Höhenflug von gesüßtem Granola ist das traditionelle, ungesüßte Müsli ein wenig in Vergessenheit geraten. Eine Packung davon kann auch sehr schnell ins Geld gehen, weshalb ich gerne mein eigenes Müsli mixe. Im Grunde folge ich da gar keinem Rezept, sondern vermenge, worauf ich Lust habe.

Für 1 Blech

100 g Nüsse nach Wahl (z.B. Mandeln, Haselnüsse, Walnüsse)
200 g (glutenfreie) Haferflocken (fein oder grob oder gemischt)
100 g Kerne oder Samen nach Wahl (z.B. Sonnenblumenkerne, Kürbiskerne, Leinsamen)
4 EL Trockenfrüchte nach Wahl (z.B. Erdbeeren, Himbeeren, Mangos, Datteln, Rosinen)

- Den Backofen auf 160 °C Umluft (180 °C Ober- und Unterhitze) vorheizen.
- Die Nüsse grob mit einem Messer hacken.
- Alle Zutaten (außer die Trockenfrüchte) auf ein Backblech geben und ca. 15 Minuten backen.
- Nach der Hälfte der Zeit einmal umrühren und das Blech wieder hineingeben. Komplett auskühlen lassen und die Trockenfrüchte dazugeben.
- Luftdicht verschlossen hält sich das Müsli mehrere Monate.

5 MIN.

HUMMUS

Hummus geht immer. Das Basisrezept kann nach Lust und Laune mit getrockneten Tomaten, Kräutern oder mit geröstetem Gemüse wie Paprika, Karotten, Süßkartoffeln oder Kürbis verfeinert werden. Zusätzliche Zutaten einfach mitpürieren.

Für 1 Schale

2 EL natives Olivenöl
1 EL Tahin (Sesammus)
2 EL Kichererbsenwasser
1 Knoblauchzehe
1 Dose Kichererbsen (400 g)
60 ml Wasser
½ TL Kreuzkümmel
Meer- oder Steinsalz nach Geschmack
Saft von 1 Zitrone

- Olivenöl, Tahin und Kichererbsenwasser zusammen ca. 1 Minute im Food Processor vermengen.
- Die restlichen Zutaten dazugeben und fein pürieren. Mit Salz und Zitronensaft abschmecken. Im Kühlschrank hält sich der Hummus 3–4 Tage.

10 MIN.

DUKKAH

Dukkah ist eine ägyptische Gewürzmischung, die aus den verschiedensten Nüssen und Gewürzen bestehen kann. Am häufigsten findet man es mit Haselnüssen, doch mit Pistazien, Walnüssen oder Mandeln schmeckt es auch toll. Traditionell wird es mit Brot und Öl serviert; ich gebe es gerne über Salate, Dips oder Saucen.

Für 1 Glas

70 g Haselnüsse
2 EL Sonnenblumenkerne
1 EL Fenchelsamen
1 EL Kreuzkümmelsamen
3 EL Koriandersamen
2 EL weißer Sesam
1 TL schwarzer Sesam
1 TL getrockneter Thymian
1 TL schwarzer Pfeffer
1 TL Meer- oder Steinsalz

- Den Backofen auf 140 °C Umluft (160 °C Ober- und Unterhitze) vorheizen. Die Haselnüsse darin ca. 15 Minuten rösten. Nach 10 Minuten die Sonnenblumenkerne dazugeben und die letzten 5 Minuten mitrösten.
- Die Fenchelsamen ohne Fett ca. 1 Minute in einer Pfanne rösten. Nacheinander jede weitere Zutat außer Salz alleine in der Pfanne rösten, bis die Küche himmlisch duftet.
- Alle Zutaten in einen Mörser geben und nicht zu fein zermahlen.
- Das Dukkah hält sich luftdicht verschlossen mindestens 4–5 Wochen.

5 MIN.

GEMÜSEBRÜHEPASTE

Die schnellste und einfachste Art, Gemüsebrühe zu machen. Einfach Gemüse mit Salz pürieren und in einem Glas im Kühlschrank lagern. Durch das Salz ist die Paste mindestens 3–4 Monate haltbar, wenn man sie immer mit einem sauberen Löffel entnimmt. Ich nutze die Paste wie normale Gemüsebrühe, also ca. 2 TL für 500 ml Flüssigkeit.

Für ca. 500 g

400 g Suppengrün nach Wahl (Sellerie, Karotten, Petersilie, welkes Gemüse)
80 g Meer- oder Steinsalz

- Das Suppengrün waschen und in Stücke schneiden. Alles in einen starken Food Processor geben und ca. 30 Sekunden auf höchster Stufe zerkleinern.
- Das Meersalz hinzugeben und noch einmal 20–30 Sekunden auf mittlerer Stufe unterrühren.

5 MIN.

GLUTENFREIE MEHLMISCHUNG

Glutenfrei zu backen, erfordert etwas Geduld. Herkömmliche Backmischungen bestehen meistens zu 70 % aus Stärke. Etwas Stärke hilft, um den Teig etwas fluffiger und elastischer zu machen. Anstatt Vollkornreis- oder Hirsemehl können natürlich auch Buchweizenmehl, Hafermehl oder andere glutenfreie Mehle verwendet werden.

Für ca. 400 g Mehlmischung

200 g Vollkornreismehl
100 g Hirsevollkornmehl
50 g Bio-Maisstärke
50 g Bio-Kartoffelstärke
1 TL Flohsamenschalen

- Alle Zutaten in einer Rührschüssel vermengen und mit dem Schneebesen sorgfältig miteinander vermischen.

30 MIN.

ZWEI CURRYPASTEN

Currypasten findet man in Vielzahl in asiatischen Supermärkten. Leider kann man aber nie sicher sein, was in ihnen verarbeitet wurde. Currypasten selber zu machen, ist aber kinderleicht und auch irgendwie meditativ. Beide Pasten reichen für ca. 3–4 Currys, Currynudeln oder andere Gerichte aus diesem Buch.

Rote Currypaste

3 Knoblauchzehen
3 Schalotten
5 cm Ingwer
1 EL natives Kokosöl
3 rote Chilischoten
1 Stange Zitronengras
1 Kaffir-Limettenblatt
1 TL Kreuzkümmelsamen
1 TL feines Meer- oder Steinsalz

Massaman-Currypaste

3 Knoblauchzehen
3 Schalotten
5 cm Ingwer
1 EL natives Kokosöl
1 rote Chilischote
(mehr, falls man es schärfer mag)
1 TL Koriandersamen
1 TL Zimt
1 TL Kreuzkümmelsamen
1 TL feines Meer- oder Steinsalz

- Beide Chilipasten werden gleich hergestellt. Die Knoblauchzehen, die Schalotten und den Ingwer schälen. Alles auf ein Backblech geben, mit etwas flüssigem Kokosöl beträufeln und ca. 25 Minuten bei 180 °C Umluft (200 °C Ober- und Unterhitze) rösten.
- Die Chilischoten entkernen. Das Zitronengras (nur für die rote Paste) in Ringe schneiden. Die Gewürze in einer beschichteten Pfanne ohne Öl so lange rösten, bis sich ihr Aroma entfaltet, und anschließend in einem Mörser oder Food Processor zerkleinern.
- Die gerösteten Knoblauchzehen, die Schalotten, den Ingwer, die Chilis, die Gewürze, das Kokosöl und das Meersalz (oder restliche Zutaten aus den Rezepten) dazugeben und alles in einem Food Processor oder mit einem Pürierstab zu einer Paste verarbeiten. Mit einem Mörser geht das auch, ist aber etwas Handarbeit.
- Die Pasten in Glasbehälter umfüllen. Sie halten sich im Kühlschrank ca. 2 Wochen.

30 MIN.

10 TAGE FERMENTATION

KIMCHI

Kimchi hat einen festen Platz in meinem Leben eingenommen. Vielleicht haben wir deshalb keine Freunde mehr: Es enthält nämlich sehr viel Knoblauch. Doch Spaß beiseite. Kimchi ist fermentierter Kohl auf koreanische Art und Weise. Es wird traditionell mit Fischsauce gemacht, diese Variante ist jedoch komplett auf pflanzlicher Basis. Ich esse es zu Salaten, auf Brot, in Bowls, zu Ofengemüse oder asiatischem Bratreis (Seite 146).

Für 2 Gläser

1 Chinakohl
2 Karotten
½ Rettich
1 kleiner Apfel
4 Frühlingszwiebeln
2–4 Knoblauchzehen, nach Geschmack
45 g Ingwer
1–2 TL Chiliflocken (wer nicht so gerne scharf isst, fängt mit 1 TL an)
1 TL Meer- oder Steinsalz

- Zwei Blätter vom Chinakohl abtrennen und den Rest in mundgerechte Stücke schneiden. Die Karotten und den Rettich spiralisieren. Den Apfel raspeln. Die Frühlingszwiebeln in Scheiben schneiden. Alles in einer sehr großen Schüssel mischen.
- Den Knoblauch und den Ingwer schälen und beides zusammen mit den Chiliflocken und dem Salz in einem Food Processor oder Mixer zerkleinern. Alternativ alles fein hacken und mit den anderen Zutaten vermengen. Die scharfe Paste zum Gemüse geben.
- Das Gemüse erst sanft, dann kräftig massieren, bis der Chinakohl weich wird und Wasser verliert. Das dauert ca. 5 Minuten. Anschließend die Schüssel mit einem sauberen Küchentuch bedecken. Den Kimchi ca. 6 Stunden stehen lassen und alle zwei Stunden noch einmal kurz massieren. Das Gemüse sollte sich vom Volumen her halbiert haben und mit genug Flüssigkeit bedeckt sein. Eventuell mit mehr Salz abschmecken.
- Den Kimchi mit einem sterilisierten Löffel in sterilisierte Gläser füllen. Oben etwas Platz für das Kohlenstoffdioxid lassen und jeweils mit einem Chinakohlblatt bedecken.
- Die Gläser nur leicht verschließen und ca. 5 Tage bei Raumtemperatur an einem dunklen Ort stehen lassen. Zwischendurch die Gläser ganz öffnen, um das CO_2 herauszulassen. Nach 2 Tagen am Kimchi riechen und probieren: Er sollte sehr scharf und sauer, aber nicht faul schmecken. Wenn es faul riecht, weg damit und einen neuen Versuch starten.
- Den Kimchi weitere 4–5 Tage gären lassen und dann im Kühlschrank lagern. Er hält sich mehrere Monate.

Wichtig: Beim Fermentieren von Gemüse ist es von größter Wichtigkeit, dass man penibel sauber und steril arbeitet. Ich sterilisiere meine Gläser ca. 10 Minuten in kochendem Wasser und koche auch die Utensilien ab.

SCHNELLES FRÜHSTÜCK

Keine Sorge. Ich werde dieses Kapitel nicht mit dem Satz „Frühstück ist die wichtigste Mahlzeit des Tages" beginnen. Denn für manche Menschen trifft das einfach nicht zu. Früher habe auch ich mit dem ersten Augenaufschlag an Essen gedacht, doch heute braucht mein Körper meistens etwas mehr Zeit, bis sich morgens der Hunger entwickelt. Gut also, dass ich ein Morgenmensch bin und sowieso am liebsten vor dem Frühstück Sport mache. Danach achte ich sehr darauf, dass ich den Tag mit einer nährenden Mahlzeit beginne, um meinen Körper optimal auf den Tag vorzubereiten. Für das Glowing Golden Porridge (Seite 55) benötige ich gerade mal 10 Minuten, die wirklich jeder morgens entbehren kann. Im Sommer liebe ich das Beeren-Birchermüsli (Seite 51), das ich bereits am Abend vorher vorbereite und zur Not unterwegs essen kann. Zur Abwechslung darf es auch mal ein vorbereiteter Müsliriegel mit gepuffter Quinoa und Feigen sein (Seite 63) oder ein knuspriges Buchweizen-Granola (Seite 60) mit Kokosjoghurt. Doch auch bei mir gibt es sehr, sehr häufig einfach ein gutes Brot mit Nussmus und Bananenscheiben (Seite 64). Das geht so schnell, schmeckt gut und versorgt den Körper mit wichtigen Nähr- und Vitalstoffen. Vielleicht findet ihr ja die ein oder andere neue Frühstücksinspiration und somit einen Grund mehr, morgens gerne aus dem Bett zu springen.

15 MIN.

MÜSLI-HAPPEN

Diese Bällchen sind wirklich perfekt für unterwegs. Einfach sonntags einen großen Vorrat rollen und schon hat man ein schnelles Frühstückchen zur Hand. Je nach Müsli schmecken die Happen auch immer wieder anders. Beim Kauf von Müsli bitte darauf achten, dass kein hinzugefügter Zucker oder künstliche Aromen enthalten sind. Oder am besten einfach selber machen – ein Rezept gibt es auf Seite 37.

Für ca. 12 Happen

50 g Mandeln
200 g entsteinte weiche Datteln
75 g (glutenfreies) Müsli, z.B. mit getrockneten Beeren (Seite 37)
3 EL gepuffter Amarant (alternativ Quinoa oder Hirse)
1 TL Abrieb einer kleinen Bio-Orange
1 Prise Kardamom (optional)
1 Prise Meer- oder Steinsalz

- **Mit dem Food Processor:** Die Mandeln in einen Food Processor oder Mixer geben, grob hacken und umfüllen. Die Datteln in den Food Processor geben und kurz, aber sorgfältig, zerkleinern. Alle weiteren Zutaten dazugeben und im Food Processor vermengen.
- **Mit der Hand:** Für diese Variante braucht ihr wirklich sehr weiche, frische Datteln. Die Mandeln und das Müsli sehr fein hacken. Die Datteln ebenfalls sehr fein hacken und mit den Händen gut zerdrücken. Alle weiteren Zutaten dazugeben und mit den Händen alles gut vermengen.
- Den Teig esslöffelweise herausnehmen und zwischen den Handflächen zu runden Bällchen formen. Die Bällchen können sofort gegessen werden, schmecken aber besser, wenn man sie ca. 1 Stunde zum Setzen in den Kühlschrank gibt. Anschließend in einen luftdichten Glascontainer umfüllen. Sie halten sich mindestens 2–3 Wochen im Kühlschrank.

Himmlisch für Körper und Seele, weil ...

... die Mischung aus getrockneten Früchten wie Datteln und Haferflocken die perfekte Kombination für schnelle und dennoch lang anhaltende Energie ist. Sowohl Datteln als auch Haferflocken enthalten sättigende Ballaststoffe, die verhindern, dass der Blutzuckerspiegel zu schnell an- und wieder absteigt.

Küchentipp: Dieses Rezept kann nach Belieben verändert werden. Datteln können z.B. durch andere getrocknete Früchte ersetzt werden. Anstatt Mandeln schmecken auch Haselnüsse oder Erdmandelmehl sehr lecker. Gepuffter Amarant kann entweder weggelassen oder durch anderes gepufftes Pseudogetreide wie Quinoa oder Hirse ersetzt werden. Gepufftes Getreide verwende ich auch in meinem Sommer-Granola (Seite 56) und in den Quinoa-Feigen Müsliriegeln (Seite 63).

10 MIN.
+ EINWEICH-
ZEIT

WARME PFIRSICH-KARDAMOM-OVERNIGHT-OATS

Der Vorteil von eingeweichten Haferflocken ist eindeutig die bessere Bekömmlichkeit im Vergleich zu nicht eingeweichten. Doch sind mir „Overnight Oats", wie sie trendig heißen, häufig zu kalt, wenn ich sie aus dem Kühlschrank nehme. Dann wärme ich sie mir wie Haferbrei einfach kurz im Topf auf und habe ein warmes und dazu noch sehr bekömmliches Frühstück gezaubert. Je nach Jahreszeit verfeinere ich es mit frischem Obst und Nussmus.

Für 2 Personen

100 g (glutenfreie) Haferflocken
375 ml (glutenfreie) Hafer- oder Nussmilch
2 EL Chiasamen oder geschrotete Leinsamen
1 EL Kürbiskerne
1 EL Sonnenblumenkerne
½ TL Zimt
1 Spritzer frischer Zitronensaft
1 Pfirsich
1 Prise Kardamom
1 EL Nussmus (ich mag am liebsten Mandelmus)

- Alle Zutaten außer dem Pfirsich, dem Kardamom und dem Nussmus in ein Glas geben, gut vermengen und über Nacht verschlossen in den Kühlschrank stellen.
- Am nächsten Morgen den Inhalt in einen Topf geben und langsam erwärmen. Eventuell noch etwas mehr Hafermilch dazugeben und ca. 3 Minuten kochen lassen, bis ein cremiger Brei entsteht.
- Den Pfirsich entkernen und in mundgerechte Stücke schneiden. Die Pfirsichstücke in einer Pfanne mit etwas Wasser erwärmen und ca. 3–5 Minuten köcheln lassen. Den Kardamom über die Pfirsichstücke streuen, kurz verrühren und mit den Overnight Oats und etwas Nussmus genießen.

Himmlisch für Körper und Seele, weil …

… Pfirsiche seit Jahrhunderten als Heilmittel eingesetzt werden. In der westlichen Wissenschaft sind sie für ihren hohen Vitamin-C- und Vitamin-K-Gehalt sowie für diverse sekundäre Pflanzenstoffe besonders bekannt. Forscher haben auch herausgefunden, dass diese sekundären Stoffe (Anthocyane, Chlorogensäure, Quercetin und Catechine) Volkskrankheiten wie Übergewicht, Diabetes Typ 2 und Bluthochdruck entgegenwirken können. Die alten Römer wussten dies bereits ganz ohne heutige Wissenschaft, denn dort wurde der Pfirsich eingesetzt, um die Nierenfunktion zu steigern und die Verdauung zu fördern.

5 MIN.
+ EINWEICH-
ZEIT

BEEREN-BIRCHERMÜSLI

Dies ist mit Abstand mein Lieblingsfrühstücksrezept in den Sommermonaten. Mein Mann und ich bereiten es so gut wie jeden Abend zusammen zu und erfreuen uns dann morgens an dem köstlichen Frühstück. Das Anrühren hat fast schon etwas Meditatives am Abend – mit nur fünf investierten Minuten tut man seinem Körper etwas Gutes und reduziert Stress am Morgen.

Für 2 Personen

Für das Müsli

50 g gemischte Nüsse oder Kerne, z.B. Mandeln, Walnüsse, Haselnüsse

40 g gemischte Kerne, z.B. Sonnenblumenkerne, Kürbiskerne

1 EL gemahlene Leinsamen

1 EL Chiasamen

100 g (glutenfreie) feine Haferflocken

250 ml (glutenfreie) ungesüßte Hafermilch

1 Spritzer Bio-Zitronensaft

ein kleines bisschen Bio-Zitronenabrieb, aber nicht zu viel

1 TL Honig, Ahornsirup oder Reissirup (bei Bedarf)

1 Prise Zimt

60 g gefrorene Beeren

3 EL Kokosjoghurt oder Joghurt nach Wahl

Für das Topping

frische Beeren

Kokosflocken

- Die Nüsse bzw. Kerne grob hacken. Alle Zutaten in einem Glas vermischen und über Nacht im Kühlschrank einweichen lassen.
- Am nächsten Morgen mit frischen Beeren und Kokosflocken oder einfach pur genießen.

Himmlisch für Körper und Seele, weil …

… eingeweichte Haferflocken echte Alleskönner sind. Zum einen macht der Prozess des Einweichens mit etwas Zitronensaft die Haferflocken besser verdaulich und sorgt dafür, dass der Darm die Nährstoffe besser aufnehmen kann. Zum anderen enthält Hafer Beta-Glucan, eine besondere Art der Kohlenhydrate, die in mehreren Studien positive Wirkungen auf die Gesundheit gezeigt hat. Beta-Glucan in Haferflocken schützt zum Beispiel vor der Vermehrung „schlechter“ Bakterien und Viren im Darm, es fördert die Insulin-Sensibilität und verlängert das Sättigungsgefühl.

20 MIN.
+ EINWEICH-
ZEIT

CREMIGE RHABARBER-ERDBEER-OVERNIGHT-OATS

Dieses Frühstück war der Hit auf meinem Junggesellinnenwochenende. Wir hatten uns ein gemütliches Haus an der dänischen Grenze gebucht und mir wurde jeden Morgen ein wunderschönes Frühstück von meinen Schwestern gezaubert. Die Gläschen sehen vielleicht anspruchsvoll aus, doch kann man die einzelnen Komponenten super für ein paar Tage vorbereiten und nach Bedarf schichten. Sie machen sich natürlich auch prima, wenn man Gäste zum Frühstück einlädt.

Für 4 Personen

Für die Haferflocken-Basis

100 g (glutenfreie) Haferflocken
300 ml (glutenfreie) ungesüßte Hafermilch
50 g (pflanzlicher) Joghurt, z.B. Kokos oder Mandel
2 EL gehackte Mandeln
1 Prise Vanille
1 TL Reis- oder Ahornsirup

Für das Rhabarber-Kompott

500 g Rhabarber
50 ml Wasser
2–3 EL Ahornsirup

Für die Gläser

(pflanzlicher) Joghurt, z.B. Kokos- oder Mandeljoghurt
frische Erdbeeren
Buchweizen-Granola (Seite 60)
ein paar Minzblätter als Deko (optional)

- Alle Zutaten für die Haferflocken in einem Glas gut vermengen und für mindestens 2 Stunden, am besten über Nacht, in den Kühlschrank stellen.
- Harte Stellen des Rhabarbers schälen und diesen in mundgerechte Stücke schneiden. Zusammen mit dem Wasser und dem Ahornsirup in einen Topf geben und ein paar Minuten lang köcheln, bis der Rhabarber weich wird und zerfällt. Vorsichtig abschmecken und nach Bedarf nachsüßen. Das Kompott zum Abkühlen zur Seite stellen.
- Für die Gläser die Haferflocken, den Joghurt und das Kompott schichten und mit Erdbeeren oder anderen Beeren sowie dem Granola und etwas Minze garnieren.

Himmlisch für Körper und Seele, weil …

… Rhabarber eigentlich ein Gemüse ist und bereits seit Jahrhunderten als Heilpflanze genutzt wird. Rhabarber ist nämlich ein echter Schönmacher, weil er reich an Vitamin C und B ist. Da er allerdings Oxalsäure enthält, die in größeren Mengen schädlich sein kann, sollte man ihn ab Mitte Juni nicht mehr kaufen, da der Säuregehalt mit der Reife steigt.

15 MIN.

GLOWING GOLDEN PORRIDGE

Dieses Porridge ist im Winter mit Abstand mein Lieblingsfrühstück. Es wärmt nicht nur von innen, sondern lässt einen auch von innen heraus strahlen. Zu Beginn klingt es absurd, ayurvedische Gewürze in ein süßes Frühstück zu geben, doch ich habe mich schnell in den außergewöhnlichen Geschmack verliebt. Sogar meine Mutter, die eigentlich keinen Haferbrei mag, habe ich damit überzeugen können.

Für 2 Personen

1 Apfel
1 Spritzer Zitrone
3 EL gehobelte oder ganze Mandeln
100 g (glutenfreie) Haferflocken
350 ml (glutenfreie) Hafermilch
1 TL Kurkuma
½ TL Zimt
¼ TL Ingwer
1 Prise Meersalz
1 Prise Pfeffer
Saft von ½ Orange
1 TL roher Honig (oder Ahornsirup)
1 EL Kürbiskerne

- Den Apfel in mundgerechte Stücke schneiden. In einer Pfanne etwas Wasser erhitzen und die Äpfel darin mit einem Spritzer Zitrone ca. 5 Minuten weich köcheln lassen. Die Mandeln ohne Fett in einer Pfanne goldbraun rösten.
- Die Haferflocken zusammen mit der Hafermilch in einen kleinen Kochtopf geben und aufkochen. Die Hitze reduzieren, die Gewürze und den Orangensaft dazugeben und unter ständigem Rühren köcheln lassen. Nach Bedarf mehr Hafermilch dazugeben und ca. 5 Minuten zu einem cremigen Porridge einkochen.
- Zum Schluss mit etwas Honig oder Ahornsirup abschmecken. Dies ist aber fast nicht nötig, da Hafermilch bereits von Natur aus süß ist.
- Das Porridge zusammen mit den Apfelstücken, Kürbiskernen und Mandeln servieren.

Himmlisch für Körper und Seele, weil …

… Kurkuma eine der wohl bekanntesten Heilpflanzen der Welt ist. Laut Ayurveda gibt es drei verschiedene Doshas, also Prinzipien, die bestimmen, wie wir auf Ereignisse reagieren. Vereinfacht gesagt steht Vata für das dynamische Prinzip der Bewegung, Kapha steht für das Prinzip der Stabilität und Substanz und Pitta für Transformation und Stoffwechsel. In jedem von uns sind diese Prinzipien in unterschiedlicher Gewichtung vertreten. Vata-Typen sind eher ruhig, dünn, groß und feingliedrig. Pitta-Typen eher athletisch, mittelgroß, sommersprossig und rotwangig, und Kapha-Typen sind eher kräftig, robust und haben weichere Züge. Durch äußere Einflüsse kann es immer wieder zu Ungleichgewichten kommen. An dieser Stelle kommt Kurkuma besonders gerne zum Einsatz. Sie verringert alle drei Doshas und bringt den Stoffwechsel ins Gleichgewicht. Ebenfalls ist Kurkuma ein wahres Beauty-Food. Die enthaltenen Antioxidantien können den Alterungsprozess der Haut verlangsamen und die Haut so von innen heraus zum Strahlen bringen.

25 MIN.

SOMMERLICHES, GEPUFFTES GRANOLA

Gepuffte Getreide oder Pseudo-Getreide bringen Abwechslung in die Küche und verleihen besonders Müsli oder Granola das gewisse Extra. Zusammen mit Kokoschips, Cashewkernen und gefriergetrockneten Erdbeerstücken ist dieses Granola das perfekte Frühstück im Frühling und Sommer. Dazu eine gekühlte Goldene Milch – so fängt ein entspannter Sommermorgen an.

Für 2 Bleche

90 g Cashewkerne
150 g (glutenfreie) Haferflocken
40 g gepuffter Amarant (oder gepuffte Quinoa, gepuffter Buchweizen oder Vollkornreis)
50 g rohe Kokoschips
40 g Sonnenblumenkerne
1 Prise Meer- oder Steinsalz
3 EL natives Kokosöl
2 EL Ahornsirup (oder Reissirup, Honig etc.)
30 g gefriergetrocknete Erdbeeren (alternativ getrocknete Mangos oder Aprikosen)

- Den Backofen auf 160 °C Umluft (180 °C Ober- und Unterhitze) vorheizen. Die Cashewkerne grob hacken. Alle trockenen Zutaten außer den getrockneten Früchten in einer Schüssel vermengen.
- Kokosöl in einem Topf leicht erhitzen und mit dem Ahornsirup vermengen. Den klebrigen Mix über die trockenen Zutaten gießen und alles gut miteinander vermischen. Das Granola auf zwei Bleche verteilen und ca. 10 Minuten backen. Dann einmal umrühren und für weitere 5–7 Minuten backen.
- Das Granola komplett abkühlen lassen und anschließend die Erdbeeren dazugeben. Luftdicht verschlossen hält es sich mehrere Wochen.

Himmlisch für Körper und Seele, weil …

… Amarant eine extrem kraftvolle Pflanze ist. Nicht ohne Grund stammt der Name aus dem Griechischen und bedeutet so viel wie „unsterblich". Betrachtet man die Fülle an Nähr- und Vitalstoffen, ist der gesundheitliche Nutzen von Amarant wirklich einzigartig. Zum Beispiel ist Amarant eine sehr gute pflanzliche Eiweißquelle, denn es enthält bis zu 18 Prozent Aminosäuren. Ebenfalls liefert Amarant die wertvollen ungesättigten Fettsäuren Alpha-Linolensäure (Omega-3-Fettsäure) sowie Linolsäure (Omega-6-Fettsäure), die der Körper nicht selber herstellen kann. Long story short: Wir lieben Amarant!

Küchentipp: Gefriergetrocknete Früchte sind etwas schwerer zu bekommen. Alternativ getrocknete Mangos oder Aprikosen verwenden.

30 MIN.

GOLDENE-MILCH-GRANOLA

Es ist kein Geheimnis, dass ich in meinen Rezepten gerne Kurkuma verwende. Ich liebe den warmen Geschmack und den gesundheitlichen Nutzen der gelben Wurzel. In diesem Granola werden die Haferflocken mit weiteren wärmenden Gewürzen, Kokosöl und Apfelmark gebacken, bis die Küche himmlisch duftet. Das Granola schmeckt pur, mit pflanzlicher Milch oder Joghurt und kann sogar im Salat verwendet werden. Wer Kurkuma nicht so gerne mag, blättert lieber weiter auf die nächste Seite, denn dort wartet ein garantiert kurkumafreies Granola-Rezept.

Für 1 Blech

100 g Mandeln
200 g (glutenfreie) Haferflocken
70 g Kürbiskerne
2 EL Sesam
2 EL natives Kokosöl
80 g Apfelmark
3 EL Honig oder Ahornsirup (optional)
½ TL Kurkuma
½ TL Zimt
¼ TL Kardamom
1 Prise schwarzer Pfeffer
1 TL frisch geriebener Ingwer (optional)

- Den Backofen auf 160 °C Umluft (180 °C Ober- und Unterhitze) vorheizen.
- Die Mandeln grob hacken oder im Food Processor kurz pulsieren. Haferflocken, Kürbiskerne, gehackte Mandeln und Sesam in einer Rührschüssel vermengen.
- Das Kokosöl in einer kleinen Pfanne auf niedriger Stufe erhitzen. Apfelmark, Honig oder Ahornsirup (optional), Gewürze und Ingwer hinzugeben und alles zu einer klebrigen Paste verrühren. Die Paste zu den trockenen Zutaten geben und mit einem Holzlöffel gut miteinander vermengen, sodass alles mit dem klebrigen Mix bedeckt ist. Das Granola auf einem mit Backpapier ausgelegten Backblech verteilen und ca. 10 Minuten rösten. Das Backblech herausnehmen, das Granola etwas auflockern und umrühren. Das Backblech drehen und für weitere 5–10 Minuten in den Ofen geben.
- Das Granola aus dem Ofen nehmen, komplett abkühlen lassen und in einem luftdichten Glascontainer aufbewahren.

Himmlisch für Körper und Seele, weil …

… die leuchtende Kurkuma entzündungshemmend wirkt. Besonders der gelbe Farbstoff Cucurmin hat in mehreren Studien chronische Entzündungswerte von Probanden mit metabolischem Syndrom deutlich senken können. Vom metabolischen Syndrom ist die Rede, wenn Menschen die folgenden vier Erkrankungen haben: Bluthochdruck, Übergewicht, Diabetes(-vorstufe) und hohe Blutfettwerte. Ebenfalls stimuliert Kurkuma die Produktion von Magensaft und Galle, was die Verdauung unterstützt.

5–30 MIN.

BLAUBEER-JOGHURT MIT BUCHWEIZEN-GRANOLA

Ich kann mich kaum erinnern, wann ich das letzte Mal gekauften Fruchtjoghurt gegessen habe. Leider haben die wenigsten Fruchtjoghurts heutzutage überhaupt schon einmal eine Frucht gesehen. Dafür bestehen sie aus umso mehr Zucker sowie künstlichen Aromen und Farbstoffen. Deshalb ist Selbermachen hier die beste Variante. Zusammen mit dem knusprigen Buchweizen-Granola ist es eine tolle Alternative zu Haferflocken zum Frühstück.

Für 4 Personen

150 g Blaubeeren
2 TL Honig
500 g pflanzlicher Joghurt, z.B. Kokosjoghurt

Für 2 Bleche Granola

250 g (gekeimter) Buchweizen
50 g rohe Kokoschips
30 g Kürbiskerne
30 g Sonnenblumenkerne
2 EL geschrotete Leinsamen
2 EL natives Kokosöl
2 EL Rohkakao
2 EL Honig oder Reissirup
1 Prise Vanillepulver
1 TL Zimt
1 Prise Meer- oder Steinsalz

- Die Blaubeeren zusammen mit dem Honig mit einem Pürierstab oder im Standmixer fein pürieren. Den Kokosjoghurt per Hand kurz unterrühren und den Joghurt in einen luftdichten Behälter füllen. Im Kühlschrank hält sich der Fruchtjoghurt 3–4 Tage.
- Für das Granola den Backofen auf 160 °C Umluft (180 °C Ober- und Unterhitze) vorheizen.
- Buchweizen, Kokoschips, Kürbis- und Sonnenblumenkerne sowie Leinsamen in einer Rührschüssel vermengen.
- Das Kokosöl in einer kleinen Pfanne auf niedriger Stufe erhitzen. Den Rohkakao, den Honig und die Gewürze hinzugeben und alles zu einer klebrigen Paste verrühren. Die Paste zu den trockenen Zutaten geben und mit einem Holzlöffel gut miteinander vermengen, sodass alles mit dem klebrigen Mix bedeckt ist. Das Granola auf einem mit Backpapier ausgelegten Backblech verteilen und ca. 10 Minuten rösten. Das Backblech herausnehmen, das Granola etwas auflockern und umrühren. Das Backblech andersherum für weitere 5 Minuten in den Ofen geben.
- Das Granola aus dem Ofen nehmen, komplett abkühlen lassen und in einem luftdichten Glascontainer aufbewahren.
- Den Blaubeer-Joghurt mit dem Granola genießen.

Himmlisch für Körper und Seele, weil …

… Buchweizen ein wahres heimisches Superfood ist. Gekeimter Buchweizen enthält besonders viele Nährstoffe. Durch den Keimvorgang wird der Keimling aus dem „Winterschlaf" geholt und vervielfacht so seine Nährstoffdichte. Wer keinen gekeimten Buchweizen findet, kann natürlich auch normalen Buchweizen verwenden.

35 MIN.

QUINOA-FEIGEN-MÜSLIRIEGEL

Neben Datteln sind Feigen wohl meine liebsten getrockneten Früchte. Ich habe immer ein paar im Vorratsschrank und snacke sie immer dann, wenn ich besonders viel am Computer sitze. Während der Entstehung dieses Buches wurde hier also so manche Feige verdrückt. Feigen liefern nämlich schnelle, aber lang anhaltende Energie, weil sie neben natürlichem Zucker auch viele Ballaststoffe enthalten. In Verbindung mit Haferflocken, Bananen und gepuffter Quinoa ist dies die perfekte Müsliriegel-Kombination.

Für 9 Riegel

ggf. natives Kokosöl
2 reife Bananen (ca. 200 g Fruchtfleisch)
60 g Feigen
50 g Apfelmark
30 g gepuffte Quinoa
100 g feine (glutenfreie) Haferflocken
4 EL Kürbiskerne
½ TL Zimt
1 Prise Meersalz

- Den Backofen auf 175 °C Umluft (195 °C Ober- und Unterhitze) vorheizen.
- Eine Backform mit Backpapier auslegen oder mit Kokosöl einfetten.
- Die Bananen in eine Schüssel geben und mit einer Gabel zerdrücken. Die Feigen klein schneiden und mit den restlichen Zutaten zu dem Bananenmus geben.
- Alles gut miteinander vermengen und in die Backform umfüllen. Den Mix ca. 1,5–2 cm dick ausstreichen und ca. 20–25 Minuten backen, bis die äußeren Ränder braun werden.
- Die Backform aus dem Ofen nehmen und komplett auskühlen lassen. Aus dem Teig ca. 9 Riegel herausschneiden. Die Riegel halten sich, luftdicht verpackt, im Kühlschrank ca. 4–5 Tage.

Himmlisch für Körper und Seele, weil …

… Feigen natürliche Süßigkeiten und besonders reich an Kalium und Magnesium sind. Interessant ist dies vor allem für Frauen, da Magnesium während der Periode krampflösend wirkt. Außerdem sind Feigen basisch, d.h. sie helfen dem Körper einen Überschuss an Säuren auszugleichen. Ebenfalls zählen Feigen zu den kaliumreichsten Lebensmitteln, weshalb sie gut für unser Herz und den Blutdruck sind. Die schleimbildenden Substanzen in Feigen schützen nebenbei unsere empfindlichen Darmschleimhäute und unterstützen somit sanft die Verdauung.

5 MIN.

SCHNELLE BROTE AUF DIE HAND

Dies ist sicher kein aufregendes Rezept, doch ist es ein ehrliches Rezept. So sehr ich Haferflocken liebe, habe ich morgens auch einfach mal Hunger auf eine Scheibe Brot mit verschiedenen Belägen. Das geht super fix und schmeckt einfach himmlisch. Beim Schmieren der Brote ist es mir wichtig, dass sie nährstoffreich sind, doch viel wichtiger ist der gute Geschmack. Die Kimchi-Kombination esse ich übrigens eher mittags oder zum späten Frühstück. Am frühen Morgen ist mir meistens eher nach etwas Süßem. Die genauen Mengenangaben variieren natürlich je nach Größe der Brotscheiben.

PB & J (Erdnussmus & Himbeeren)

6 Himbeeren
1 EL Erdnussmus
1 TL helle, geschrotete Leinsamen

Cashewmus & Bananen

1 EL Cashewmus
½ Banane
1 TL geschrotete Leinsamen

Avocado, Pesto, Rucola & Kimchi

½ Avocado
1 TL rotes Pesto (Seite 197)
1 Spritzer Zitronensaft
ca. 3 Blätter Rucola
1 EL Kimchi (Seite 42)
3 Blätter Basilikum

Mandelmus, Erdbeeren & Hanfsamen

2 Erdbeeren
1 EL geröstetes Mandelmus
1 TL weißer Hanfsamen

Für jeweils 1 Brot

1 Scheibe Roggen-Sauerteigbrot, glutenfreies Vollkornbrot oder Vollkornbrot nach Wahl

- Das Brot toasten und Obst oder Avocado in Scheiben schneiden. Das Brot nach Lust und Laune mit Nussmus, Avocado oder Pesto bestreichen und mit den Lieblingstoppings belegen.

Himmlisch für Körper und Seele, weil ...

... hochwertiges Sauerteigbrot alles andere als ein Dickmacher ist. Kohlenhydrate haben in den letzten Jahrzehnten einen schlechten Ruf bekommen, dabei sind Kohlenhydrate nicht gleich Kohlenhydrate. Wenn ich Brot kaufe, dann am liebsten Sauerteigbrot. Sauerteig besteht aus fermentiertem Roggen-, Dinkel- oder Weizenmehl und enthält Millionen von guten Darmbakterien. Die machen den Teig bekömmlicher und nährstoffreicher. Sauerteig wird außerdem häufig ohne Hefe gebacken, weshalb ihn auch Menschen mit Hefeintoleranz meistens gut vertragen.

SONNTAGS-BRUNCH

In meiner Familie wurde und wird am Sonntag immer lang und ausgiebig gefrühstückt. Wenn wir mal wieder alle zusammen sind (was leider nur noch selten vorkommt), gehen wir morgens alle gemeinsam joggen, weshalb wir erst spät und dann ausgiebig frühstücken. Dafür werden schon mal Brötchen selber gebacken und mit selbst gemachter Marmelade (Seite 74) oder Schokoladencreme (Seite 74) geschmiert. Keine Sorge, die Brötchen in diesem Kapitel sind alle hefefrei und somit absolut gelingsicher. Zwar liebe ich richtig gute Sauerteigbrötchen vom Bio-Bäcker, doch die Last-Minute-Vollkorn-Brötchen von Seite 71 sind eine richtig leckere und vor allem schnelle Alternative zu gekauften Brötchen. Da meine Schwester Zöliakie hat, gibt es bei unserem Sonntagsfrühstück mit der Familie auch glutenfreie Brötchen wie die glutenfreien Omega-3-Brötchen (Seite 68) oder die Zimtbrötchen von Seite 72 aus glutenfreiem Buchweizenmehl. Wer nicht glutenfrei leben muss oder möchte, bereitet die Brötchen einfach mit Dinkelvollkornmehl zu.

Ein ausgiebiges Sonntagsfrühstück mit dem Partner, in der WG, mit Freunden oder Familie ist eine wunderbare Art der Entschleunigung. Ich ziehe daraus sehr viel Kraft und genieße es richtig, in den Tag hinein zu frühstücken, zu quatschen, herumzualbern und Ausflugspläne zu schmieden. Gerade weil das Frühstücken in der Woche häufig zu kurz kommt, tut es gut, sich am Wochenende dafür bewusst Zeit zu nehmen. Bunte Frühstücksgläser zu dekorieren (Seite 78), Pancakes zu braten (Seite 83) oder sogar mal Crêpes mit Schokoladensauce zu zaubern (Seite 81). Das Leben ist von Montag bis Samstag schon schnelllebig genug, also nehmt euch am Sonntag Zeit, um bewusst zu genießen.

40 MIN.

GLUTENFREIE OMEGA-3-HANFSAMEN-BRÖTCHEN

Diese Brötchen habe ich zum ersten Mal in Århus, Dänemark, gegessen. Mein Mann und ich hatten uns spontan im kalten Januar ein zauberhaftes AirBnB mit selbst gemachtem Frühstück gebucht. Das Highlight waren die glutenfreien Hanfsamen-Brötchen, die ich zu Hause sofort selber nachmachen musste. Sie sind perfekt für das typische deutsche Frühstück geeignet. Ich empfehle, sie mit der Marmelade von Seite 74 und Mandelmus zu genießen.

Für ca. 6 Brötchen

1 EL Chiasamen
3 EL + 250 ml Wasser
60 g (glutenfreie) Haferflocken
35 g (glutenfreies) Buchweizenmehl + etwas zum Bestreuen
65 g Mandelmehl oder gemahlene Mandeln
60 g Hanfsamen
40 g geschrotete Leinsamen
1 TL Flohsamenschalen
1 ½ TL Weinstein-Backpulver
1 ½ TL Meer- oder Steinsalz
40 g natives Kokosöl
Sesam und Mohn zum Bestreuen (optional)

- Den Backofen auf 180 °C Umluft (200 °C Ober- und Unterhitze) vorheizen.
- Die Chiasamen mit 3 EL Wasser vermengen und zum Andicken zur Seite stellen. Nach ein paar Minuten erneut umrühren.
- Alle trockenen Zutaten in einer Schüssel vermengen. Das Kokosöl leicht anwärmen, zusammen mit 250 ml Wasser und dem Chiasamen-Mix zu den trockenen Zutaten geben und gut verrühren. Den Mix ca. 10 Minuten quellen lassen. Der Teig sollte nicht trocken sein, sondern eher die Konsistenz eines Brotteigs haben. Bei Bedarf etwas mehr Wasser dazugeben.
- Ein Backblech mit Backpapier auslegen und mit etwas Buchweizenmehl bestreuen. Aus dem Teig mit leicht feuchten Händen ca. 6 Bällchen formen, falls gewünscht mit Sesam oder Mohn bestreuen und auf dem Backblech verteilen. Die Brötchen ca. 30–35 Minuten backen, bis sie von außen leicht gebräunt sind.

Himmlisch für Körper und Seele, weil …

… diese Brötchen vor Omega-3-Fettsäuren nur so strotzen. Omega-3-Fettsäuren sind lebenswichtige, essentielle Fettsäuren, die unser Körper nicht selber herstellen kann und somit über die Nahrung aufnehmen muss. Sie werden im Körper für eine Vielzahl an Prozessen benötigt, u.a. für die Hormonproduktion, für den Zellstoffwechsel (Energie), für die Verminderung von Entzündungen oder auch die Bildung körpereigener Abwehrzellen. Omega-3-Fettsäuren schützen unser Herz und unsere Augen und können Demenz vorbeugen. Pflanzliche Omega-3-Quellen sind beispielsweise Hanfsamen, Leinsamen, Chiasamen oder Öle wie Leinöl.

Küchentipp: Diese Brötchen lassen sich prima einfrieren und nach Bedarf einzeln auftauen.

30 MIN.

LAST-MINUTE-VOLLKORNBRÖTCHEN

Diese Brötchen haben alle meine Testesser überrascht. Gerade wenn ein Brötchenrezept ohne Hefe oder Sauerteig auskommt, steigt die Skepsis bei den Brotliebhabern. Doch durch die Chiasamen und die Hafermilch werden die Brötchen dennoch fluffig von innen und kross von außen. Mein geheimes Lieblingsrezept in diesem Buch, weil Brötchen einfach zum Sonntagsbrunch dazugehören.

Für 4 große oder 6 kleine Brötchen

1 EL Chiasamen
3 EL Wasser
200 ml (glutenfreie) Hafermilch (220 ml für die glutenfreie Variante)
1 EL Apfelessig
250 g Dinkelvollkornmehl (für die glutenfreie Variante 250 g Buchweizenmehl und 1 EL Flohsamenschalen verwenden)
1 TL Weinstein-Backpulver
¼ TL Natron
1 TL Meer- oder Steinsalz
2 EL Sonnenblumenkerne
2 EL geschrotete Leinsamen
Sesam und Mohn zum Bestreuen

- Den Backofen auf 180 °C Umluft (200 °C Ober- und Unterhitze) vorheizen.
- Die Chiasamen mit 3 EL Wasser vermengen und zur Seite stellen. Nach ein paar Minuten noch einmal umrühren. Die Hafermilch mit dem Apfelessig vermengen und zur Seite stellen. Das Mehl mit dem Backpulver, dem Natron und dem Salz gut vermengen. Die Sonnenblumenkerne und Leinsamen untermischen.
- Die Hafermilch und den Chia-Mix mit einem Schneebesen vermengen, so gut es geht.
- Die nassen Zutaten zu den trockenen geben und mit einem Holzlöffel gut vermengen.
- Mit leicht feuchten Händen ca. 4 Brötchen formen und auf ein mit Backpapier belegtes Backblech legen. Die Brötchen mit Sesam und Mohn bestreuen und ca. 25 Minuten backen.

Himmlisch für Körper und Seele, weil …

… man bei selbst gebackenen Brötchen und Broten genau weiß, was drin ist. Nicht jeder hat einen traditionellen Biobäcker in der Nähe, dem er vertrauen kann. Diese Brötchen sind 100 Prozent Vollkorn und in der Buchweizenvariante sogar glutenfrei. Vollkorngetreide hat den Vorteil, dass es uns länger sättigt und somit den Blutzuckerspiegel nicht zu sehr belastet.

Küchentipp: Anstatt Chiasamen können auch heimische Leinsamen verwendet werden. Dazu 1 ½ EL geschrotete Leinsamen mit 4 EL Wasser vermengen. Ich finde allerdings, dass das Rezept mit Chiasamen besser gelingt.

40 MIN.

SÜSSE ZIMTBRÖTCHEN

Wer in Hamburg „ein Franzbrötchen mit Zimt" bestellt, outet sich sofort als Tourist. Für alle Nicht-Hamburger: Zimt ist die wichtigste Zutat in Franzbrötchen, und es gibt kein Franzbrötchen ohne Zimt. Diese Brötchen sind zwar keine traditionellen Franzbrötchen, sondern eher süßliche, zimtige Brötchen, die eine Abwechslung zu typischen Vollkornbrötchen sind. Man kann sie glutenfrei mit Buchweizenmehl zubereiten oder man nimmt Dinkelvollkornmehl. Das Beste: Auch diese Brötchen sind fix auf dem Frühstückstisch. Ich mag sie gerne mit der Schokocreme von Seite 74, Mandelmus und Banane oder einfach pur.

Für 4 große oder 6 kleine Brötchen

100 g (glutenfreie) Haferflocken
150 g Dinkelvollkornmehl (für eine glutenfreie Variante 150 g Buchweizenmehl + 1 EL Flohsamenschalen) + etwas zum Bestreuen
1 TL Weinstein-Backpulver
¼ TL Natron
1 ½ TL Zimt
1 Prise Vanillepulver
1 Prise Meer- oder Steinsalz
3 EL Rosinen oder Sultaninen
185 g Mandeljoghurt oder Joghurt nach Wahl
40 g Kokosblütenzucker
1 TL Apfelessig
2 EL (glutenfreie) ungesüßte Pflanzenmilch zum Bepinseln

- Den Backofen auf 170 °C Umluft (190 °C Ober- und Unterhitze) vorheizen.
- Die Haferflocken in einem Mixer zu einem feinen Mehl mahlen. In einer Schüssel Hafermehl, Dinkelvollkornmehl (oder glutenfreie Alternative), Backpulver, Natron, Zimt, Vanille, Salz und Rosinen vermengen. Wer keine Rosinen mag, lässt diese einfach weg.
- In einer zweiten Schüssel den Joghurt mit dem Kokosblütenzucker und dem Apfelessig verrühren. Die nassen zu den trockenen Zutaten geben und alles mit einem Kochlöffel gut vermengen. Aus dem Teig mit leicht angefeuchteten Händen ca. 4–6 Brötchen formen.
- Ein Backblech mit Backpapier auslegen und ein wenig Mehl drüberstreuen. Die Brötchen darauf platzieren und mit etwas Pflanzenmilch bepinseln. Ein kleines Kreuz in die Brötchen ritzen und für ca. 20–25 Minuten backen.
- Die Brötchen etwas auskühlen lassen. Sie schmecken mir warm oder lauwarm jedoch am besten.

Himmlisch für Körper und Seele, weil …

… Zimt den Blutzucker stabilisiert. In einer Studie von 2003 wollten Wissenschaftler den Einfluss verschiedener Lebensmittel auf den Blutzuckerspiegel testen. Beim Apfelstrudel waren sich die Forscher sicher, dass er den Blutzuckerspiegel dramatisch steigern würde. Dies war jedoch nicht der Fall. Daraufhin folgten diverse Studien, welche die stabilisierende Wirkung des Zimtes auf den Blutzuckerspiegel bestätigten. Ob die Erfinder des Franzbrötchens dies wussten, lasse ich hier mal im Raum stehen …

10 MIN.

BROMBEER-BLAUBEER-MARMELADE

Bei einem traditionellen Sonntagsbrunch darf die Marmelade natürlich nicht fehlen. Wir machen sie am liebsten selber und frieren sie in Eiswürfelbehältern ein. Dann brauchen wir nur morgens ein paar Würfel auftauen und haben eine frische Marmelade auf dem Tisch. Die Variante mit Blaubeeren und Brombeeren ist meine Lieblingskombination zurzeit, doch kann das Rezept mit allen möglichen Kombinationen angepasst werden.

Für 300 g Marmelade

150 g frische oder gefrorene Brombeeren
150 g frische oder gefrorene Blaubeeren
1 EL Ahornsirup
2 EL Chiasamen

- Die Beeren in einen Kochtopf geben, bei mittlerer Hitze ca. 5–7 Minuten erwärmen und mit einem Kochlöffel zerdrücken, bis eine Sauce mit noch einigen Stücken entsteht. Die warmen Beeren vom Herd nehmen und den Ahornsirup und die Chiasamen unterrühren. Die Marmelade in ein sterilisiertes Glas umfüllen und komplett erkalten lassen.
- Da die Marmelade keinen Kristallzucker enthält, ist sie nur wenige Tage haltbar. Ich friere sie deshalb in Eiswürfelbehältern ein und wärme diese am Wochenende zum Frühstück auf.

RUCKZUCK-SCHOKOLADENCREME

Keine Schokoladencreme mehr im Haus? Das hat schon so manches gemütliche Frühstück bei uns ruiniert. Na gut, so schlimm war es vielleicht nicht, doch haben wir Kinder uns früher von einer gewissen Nuss-Nougat-Creme ernährt. Auf meinem Blog gibt es ein leckeres Rezept für eine selbst gemachte Creme, doch braucht man dafür eine Küchenmaschine. Dieses Rezept ist in einer Minute angerührt und servierfertig.

Für 100 g Schokoladencreme

90 g Nussmus (z.B. geröstetes Haselnussmus, ungesüßtes Erdnussmus, Cashewmus)
2 TL Rohkakao
2 EL Dattelsüße (oder Ahornsirup)
1 Prise Meer- oder Steinsalz

- Alle Zutaten mit einem Löffel vermengen und ggf. mit mehr Dattelsüße oder Ahornsirup abschmecken.

SPREAD SOME HAPPY

SPREAD SOME HAPPY

<5-15 MIN.

DREI EINFACHE AUFSTRICHE

Neben Hummus gibt es in Supermärkten meist eine ganze Welt aus pflanzlichen Aufstrichen. Selbermachen ist jedoch auch hier die bessere Wahl, da Aufstriche häufig unnötige Zusätze enthalten. Mit diesen drei Aufstrichen spart man Geld und tut seiner Gesundheit auch noch etwas Gutes. Der Linsenaufstrich erinnerte sogar einige Testesser an Leberwurst. Ich finde ihn einfach nur himmlisch würzig. Auch wenn ihr Kapern nicht mögt, probiert das Rezept für die Oliven-Tapenade dennoch aus. Sie geben dem Aufstrich eine gewisse Würze, werden aber vom Geschmack der Oliven übertönt. Der Paprikaaufstrich kann in wenigen Minuten mit eingelegter Paprika zubereitet werden, günstiger wird es, wenn man die Paprika selber röstet, was ihn noch aromatischer macht. Alle Rezepte ergeben ca. 1 Glas.

Linsenaufstrich

200 g rote Linsen
400 ml Wasser
80 g getrocknete, eingelegte Tomaten
1 TL Kräuter der Provence
1 TL natives Olivenöl
1 Spritzer Zitronensaft

- Die Linsen mit 400 ml Wasser aufkochen und ca. 12 Minuten köcheln lassen. Kurz abkühlen lassen und zusammen mit den klein geschnittenen Tomaten, den Kräutern und dem Öl in einem Mixer oder mit dem Pürierstab zu einer feinen Masse pürieren. Mit einem Spritzer Zitronensaft abschmecken. Die Zugabe von Salz ist aufgrund der gesalzenen getrockneten Tomaten meist nicht mehr nötig.

Oliven-Tapenade

2 Knoblauchzehen
130 g entsteinte Kalamata-Oliven
30 g Kapern
20 ml natives Olivenöl

- Wer keinen rohen Knoblauch mag, kann den Knoblauch mit etwas Öl in der Pfanne anbraten. Dann alle Zutaten mit einem Pürierstab oder im Food Processor zu einer groben Paste vermengen.

Sonniger Paprikaaufstrich

2 Paprika (oder 200 g eingelegte Paprika)
70 g Sonnenblumenkerne
1 TL Honig
ein paar frische Rosmarinnadeln
Meer- oder Steinsalz und Pfeffer

- Die Paprika entkernen, in Stücke schneiden und auf einem Backblech ca. 30 Minuten rösten, bis die Schale welk, aber nicht verbrannt ist. Die Schale vorsichtig mit einer Gabel abziehen. Die Paprika mit den Sonnenblumenkernen, dem Honig und etwas gehacktem Rosmarin mit einem Pürierstab oder im Food Processor zu einer groben Paste vermengen und mit Salz und Pfeffer abschmecken.

20 MIN.
+ EINWEICH-
ZEIT

SAISONALE FRÜHSTÜCKSGLÄSER MIT KOMPOTT

Da das Auge bekanntlich mitisst, richte ich mein Frühstück gerne hübsch her. Wenn ich Besuch bekomme, dann darf es auch mal in einem Weckglas sein. So kann man diese Frühstücksgläser perfekt schichten und seine Gäste (oder seine Familie) damit beeindrucken. Dabei sind diese Gläser nur mit minimalem Aufwand verbunden. Man weicht Haferflocken über Nacht ein, gibt eine Schicht Kokosjoghurt drüber und zaubert nebenbei ein blitzschnelles Kompott in der Pfanne.

Ergibt jeweils 2 Gläser

Für die Basis

100 g (glutenfreie) feine Haferflocken
350 ml (glutenfreie) ungesüßte Hafermilch
2 EL Chiasamen oder geschrotete Leinsamen
1 Spritzer Zitronensaft
1 Handvoll gehackte Nüsse, Kerne, Samen etc.

Für das Kompott

300 g saisonales Obst (siehe rechts)
1 EL Honig oder Ahornsirup nach Bedarf (optional)
1 Prise Kräuter oder Gewürze (siehe rechts)

Außerdem

Kokosjoghurt
selbst gemachtes Granola, z. B. von Seite 56 oder 60

- Für die Basis alle Zutaten in einer Schüssel vermengen oder in einem großen Glas über Nacht oder für mindestens 2 Stunden im Kühlschrank quellen lassen.
- Für das Kompott das Obst in mundgerechte Stücke schneiden und in einer Pfanne mit etwas Wasser leicht anbraten, bis es weich gekocht ist. Bei saurem Obst ein wenig Süße nach Wahl dazugeben, meistens ist dies aber gar nicht nötig. Zu den Erdbeeren gebe ich gerne etwas Basilikum in die Pfanne und zu den Sommerbeeren etwas frische Minze.
- Jedes Glas etwa zur Hälfte mit den Haferflocken füllen, 1–2 EL Kokosjoghurt darübergeben und mit Kompott und Granola bedecken.

Jahreszeiten-Varianten für das Kompott:

Frühling: Erdbeeren und Basilikum
Sommer: Sommerbeeren und Minze
Herbst: Pflaumen und Kardamom
Winter: Apfel und Zimt

30 MIN.
+ RUHEZEIT

CRÊPES MIT SCHOKOLADENSAUCE

Genau wie dickere Apfel-Pfannkuchen (Seite 233) sind Crêpes eine meiner absoluten Kindheitserinnerungen. Ich kann immer noch die hauchdünnen Crêpes der Mutter einer Klassenkameradin schmecken. Die waren natürlich aus Eiern und Weizenmehl, doch diese Version schmeckt mir mindestens genauso gut. Mit einer leckeren Schokoladensauce und frischen Früchten sind sie perfekt für den Sonntagsbrunch oder das Kaffeetrinken geeignet.

Für ca. 6 Crêpes

Für den Teig

45 g (glutenfreie) Haferflocken
120 g Buchweizenmehl
1 TL Weinstein-Backpulver
2 EL Kokosblütenzucker oder Reissirup (optional)
1 Prise Meer- oder Steinsalz
250 ml (glutenfreie) ungesüßte Hafermilch
125 ml Mineralwasser mit Kohlensäure
natives Kokosöl zum Braten

Für die Schokoladensauce

150 g geröstete Haselnüsse oder Haselnussmus
2 EL Rohkakao
3 EL Kokosblütenzucker
1 Prise Meer- oder Steinsalz

- In einem Mixer oder Food Processor die Haferflocken zu Mehl mahlen. Die gemahlenen Haferflocken zusammen mit den anderen trockenen Zutaten in eine Schüssel geben und gut vermengen. Falls Reissirup verwendet wird, diesen mit der Hafermilch langsam hineingeben und mit einem Schneebesen gut unterrühren. Nun langsam das Mineralwasser dazugeben und noch einmal kurz verrühren. Den Teig danach ca. 30 Minuten ruhen lassen.
- In der Zwischenzeit die Sauce anrühren. Dafür die Haselnüsse in einem Food Processor ca. 5 Minuten zerkleinern, bis ein feines Mus entsteht. Alle Zutaten dazugeben und zu einer leicht cremigen Sauce verrühren. Alternativ Haselnussmus verwenden und einfach mit den anderen Zutaten vermengen. Nach Geschmack eventuell mehr Kokosblütenzucker hinzufügen.
- Eine beschichtete Pfanne auf mittlerer bis hoher Stufe erhitzen und mit etwas Kokosöl einfetten. Eine kleine Kelle des Teigs in die Pfanne geben und mit dem Esslöffel kreisartig verteilen. Das geht am besten, wenn der Esslöffel nass ist oder natürlich mit einem Crêpes-Stab. Den Teig ca. 2–3 Minuten auf mittlerer Hitze backen, dann mit Hilfe eines Spatels umdrehen und eine weitere Minute backen. Das Ganze mit dem Rest des Teigs wiederholen, bis der Teig aufgebraucht ist.
- Die Crêpes mit der Schokoladensauce und frischen Früchten servieren.

Varianten: Wer keinen Mixer hat, nimmt einfach 165 g Buchweizenmehl und mixt alle Zutaten mit einem Schneebesen in einer Rührschüssel zusammen. Wer kein Buchweizenmehl mag, kann es durch ein beliebiges glutenfreies Mehl oder Dinkelmehl (Vollkorn oder Type 1050) ersetzen.

PANCAKE-
MIX

20 MIN.

PANCAKE-BACKMISCHUNG

Am Wochenende bringe ich mit Pancakes gerne Abwechslung in unsere Frühstücksroutine. Während meiner Zeit in den USA war es das Ritual meines Mannes und mir, nach dem Samstagmorgenlauf leckere Pancakes in der Uni-Mensa zu verputzen. Heute sind unsere Pancakes natürlich wesentlich gesünder und enthalten besonders nährstoffreiche Zutaten. Um morgens Zeit zu sparen, bereite ich gerne diesen Pancake-Mix vor. Dann brauche ich nur noch die frischen Zutaten in einer Schüssel zu vermengen und ruckzuck sind die Pancakes auf dem Teller.

Für den Pancake-Mix

360 g (glutenfreie) Haferflocken
400 g Vollkornreismehl (oder Vollkorndinkelmehl für die nicht glutenfreie Variante)
8 TL Weinstein-Backpulver
1 gute Prise Meer- oder Steinsalz
1 TL Zimt
½ TL Vanillepulver
¼ TL Kardamom

Für ca. 6 Pancakes

30 g natives Kokosöl + mehr zum Anbraten
1 große, reife Banane (125 g)
125 ml (glutenfreie) Hafer- oder Mandelmilch
1 Spritzer Zitronensaft
185 g Pancake-Mix (siehe oben)
150 ml Mineralwasser mit Kohlensäure
frische Beeren und Ahornsirup zum Servieren

- Für den Mix die Haferflocken in einem Mixer fein mahlen. Alternativ durch mehr Vollkornmehl ersetzen. Alle Zutaten für den Mix miteinander vermengen und in ein Glas umfüllen.
- Zur Zubereitung der Pancakes das Kokosöl schmelzen und die Bananen mit der Gabel zerdrücken. Beides mit der Hafermilch, dem Zitronensaft und dem Pancake-Mix vermengen. Zum Schluss das Mineralwasser kurz, aber sorgfältig unterrühren und den Teig für ein paar Minuten ruhen lassen.
- Eine beschichtete Pfanne auf dem Herd erhitzen und 1 TL Kokosöl hineingeben. Wenn das Öl geschmolzen ist, sollte die Pfanne heiß genug sein. Pro Pancake 3–4 EL Teig in die Pfanne geben und mit dem Löffel rund formen. Sobald sich auf der Pancake-Oberfläche kleine Bläschen gebildet haben, den Pancake umdrehen und weitere 1–2 Minuten goldbraun backen. Das Ganze mit dem Rest des Teigs wiederholen.
- Die Pancakes mit frischen Beeren und Ahornsirup servieren.

Himmlisch für Körper und Seele, weil …

… Hafer eine der nährstoffreichsten Getreidesorten ist. Er ist reich an Biotin und Zink, zwei Spurenelemente, die zusammen für kräftiges Haar und gesunde Nägel und Haut sorgen. Der hohe Gehalt an B-Vitaminen stärkt noch dazu unsere Nerven.

45 MIN.

HERZHAFTE BÄRLAUCH-POLENTA-MUFFINS

Im Frühling kann ich mich kaum entscheiden, welcher Saison ich am meisten entgegen fiebere: Spargel, Erdbeeren oder Bärlauch. Letzterer ist nicht nur ein kulinarisches Highlight, er ist auch sehr gesund. Bärlauch ist reich an Vitalstoffen wie Vitamin C, Vitamin A und auch Eisen und wird als Heilpflanze nicht nur in der Naturheilkunde geschätzt. Egal ob man ihn selber anpflanzt oder beim Spaziergang erntet (Achtung, man sollte sich auskennen, denn Bärlauch kann schnell mit Maiglöckchen verwechselt werden!), der intensive Knoblauchgeruch von Bärlauch verleiht diesen Muffins ein intensives Aroma.

Für 9 Muffins

150 g Kichererbsenmehl
150 g Polenta (Maisgrieß)
80 ml natives Olivenöl
300 ml ungesüßte Mandel- oder (glutenfreie) Hafermilch
1 ½ TL Meer- oder Steinsalz
2 TL Weinstein-Backpulver
1 TL Apfelessig
1 Bund Bärlauch (ca. 35 g)
2 Frühlingszwiebeln
6 getrocknete Tomaten (nicht in Öl eingelegt)
75 g Gemüse (z.B. Zucchini, Möhren, Brokkoli)

- Den Backofen auf 160 °C Umluft (180 °C Ober- und Unterhitze) vorheizen.
- Das Kichererbsenmehl zusammen mit der Polenta, dem Olivenöl, der Mandel- oder Hafermilch, dem Salz, dem Backpulver und dem Apfelessig verquirlen und ca. 20 Minuten quellen lassen.
- In der Zwischenzeit den Bärlauch gut waschen, trocknen und in feine Streifen schneiden. Die Frühlingszwiebeln in Ringe schneiden, die getrockneten Tomaten abtropfen lassen und würfeln. Das Gemüse reiben oder sehr klein schneiden.
- Nun den Bärlauch, die Frühlingszwiebeln, die getrockneten Tomaten und das Gemüse zum Teig geben und gut vermengen. Eine Muffinform einfetten oder mit Backpapierschnitten auslegen. Den Teig auf ca. 9 Muffinformen verteilen und ca. 25 Minuten backen.
- Die Muffins unbedingt ca. 5 Minuten abkühlen lassen, bevor sie gegessen werden können.
- Die Muffins trocknen schnell aus, am besten also frisch essen oder am nächsten Tag mit herzhaften Aufstrichen (z.B. von Seite 77) genießen.

Varianten: Außerhalb der Bärlauchzeit können 35 g klein geschnittener Rucola, eine Handvoll Schnittlauch oder 2 gehackte Knoblauchzehen den Bärlauch ersetzen. Außerdem ist dieses Rezept prima zur Resteverwertung geeignet: Einfach Gemüse nach Wahl klein schneiden oder reiben und dazugeben.

30-MINUTEN-GERICHTE

Meine Mutter hat, wie wahrscheinlich alle Mütter auf der Welt, eine ganz besondere Gabe. Sie kann aus nichts ein Festmahl zaubern. Erst vor Kurzem gab es wieder eine Situation, in der wir spontan mit Freunden bei meinen Eltern eingefallen sind und meine Mutter 20 Minuten später ein Buffet aufgetischt hat, das uns alle staunen ließ. Ich habe mir über die Jahre ihre kleinen Tipps und Tricks abgeschaut und hoffe, dass ich irgendwann auch mal diese Gabe besitze. Beispielsweise habe ich immer, wirklich immer, Oliven in Lake und eingelegte Paprika im Haus. Beides hält sich eingemacht im Glas ewig und macht, gerade wenn Besuch kommt, richtig etwas her. Ebenfalls habe ich meistens grüne Erbsen, Brokkoli, Blumenkohl und selbst eingefrorenen Babyspinat im Tiefkühlfach. Daraus kann ich beispielsweise das Tiefkühler-Pfannencurry (Seite 107) im Nu zubereiten. Seit es Pasta aus den unterschiedlichsten Lebensmitteln gibt, bin ich auch ein großer Pasta-Liebhaber geworden. Das Pastaregal wird immer bunter, und man findet dort Nudeln aus Linsen, Erbsen, Vollkornreis, Kichererbsen und natürlich aus Urgetreide wie Dinkel oder Emmer (nicht glutenfrei). Auch Lasagneplatten gibt es bereits aus grünen Linsen oder Dinkelvollkorn. So kann man ganz einfach Vielfalt in die Küche bringen und seinem Körper nebenbei auch noch etwas Gutes tun. Denn Pasta aus den eben genannten Lebensmitteln enthält pflanzliche Proteine und Ballaststoffe, die länger satt halten und unseren Blutzuckerspiegel stabilisieren. Aus diesem Grund gibt es in diesem Kapitel einige Nudelgerichte, wie die Zitronen-Oliven-Spaghetti Aglio et Olio (Seite 92) oder die Blitzschnelle Paprikapasta (Seite 91). Beide Gerichte werden überwiegend aus Vorräten gekocht, weshalb ich sie auch Zaubergerichte nenne. Auch liebe ich es, Quinoa gleich mit Gewürzen und Gemüse im Topf zu kochen. Die Marokkanische Glow Bowl (Seite 88) esse ich häufig zum Mittag, weil es im wahrsten Sinne des Wortes ein „Ein-Topf"-Gericht ist. Ebenso die Cajun-Quinoa-Bowl (Seite 100), die ähnlich funktioniert, aber geschmacklich etwas ganz Anderes ist. Mein persönliches Highlight ist die Erdnuss-Lauchsuppe (Seite 108), denn ich liebe Erdnussmus in herzhaften Gerichten einfach heiß und innig, wie ihr sicherlich im Laufe dieses Buches noch merken werdet.

20 MIN.

MAROKKANISCHE GLOW BOWL

Ah, diese Aromen. Die Küche Marokkos steht für fantastisches Essen, für Geschmacksvielfalt und eine aufregende Mischung aus süß und herzhaft. Genauso schmeckt auch diese marokkanische Glow Bowl. Am liebsten esse ich sie warm, doch man kann sie ebenso gut am nächsten Tag kalt mit ins Büro oder die Uni nehmen. So isst man sich gesund und schön.

Für 2 Personen

½ rote Zwiebel
1 Knoblauchzehe
1 kleine Karotte
1 Bio-Orange (davon 1 TL Schale und 1–2 EL Saft)
150 g Quinoa
2 Datteln, entkernt
1 TL natives Kokosöl
1 TL Kreuzkümmel
½ TL Kurkuma
300 ml Wasser
½ TL Gemüsebrühepaste (Seite 40)
2 EL geröstete Pistazien
3 Stängel Minze
1 EL Sesamöl

- Die Zwiebel und den Knoblauch schälen und fein hacken. Die Karotte waschen und würfeln. Die Orangenschale abreiben und die Orange auspressen. Die Quinoa gut abspülen und die Datteln klein schneiden.
- Das Kokosöl in einem Kochtopf erhitzen. Die Zwiebeln darin andünsten. Knoblauch, Kreuzkümmel, Kurkuma und Orangenschale dazugeben und alles zusammen anbraten, damit sich das Aroma der Gewürze entfalten kann. Die Karottenwürfel unterrühren und gut mit den Gewürzen bedecken. Quinoa und Datteln dazugeben und mit 300 ml Wasser und der Gemüsebrühepaste ablöschen. Aufkochen, die Hitze reduzieren und ca. 12–14 Minuten köcheln lassen.
- In der Zwischenzeit die Pistazien hacken und die Minzblätter abzupfen. Die Stängel ebenfalls klein hacken.
- Die Quinoa mit frischem Orangensaft und Sesamöl beträufeln und mit frischer Minze, den Stängeln und den gehackten Pistazien garnieren.

Himmlisch für Körper und Seele, weil …

… diese Bowl alles enthält, was uns von innen heraus strahlen lässt. Die Quinoa steckt voller wertvoller Aminosäuren, die zum Aufbau und zur Erneuerung unserer Zellen unabdingbar sind. Gerade an Haut, Haaren und Nägeln kann man schnell erkennen, ob eine Ernährung genug Eiweiß enthält. Quinoa enthält ebenfalls Zink, was bei Hautunreinheiten und Hautrötungen helfen kann. Die Datteln liefern nicht nur eine natürliche Süße, sie enthalten auch Kalium und Magnesium, die unser Herz unterstützen und somit das wichtigste Organ in unserem Körper pflegen. Zu guter Letzt sind Pistazien auch ein Beauty-Food. Sie enthalten sogar mehr Antioxidantien als grüner Tee.

20 MIN.

BLITZSCHNELLE PAPRIKAPASTA

Den folgenden Moment kennt sicher jeder: Man kommt nach einem Urlaub nach Hause und der Kühlschrank ist leer. Komplett leer. Für diesen Notfall habe ich immer ein Glas eingelegte Paprika und Rote-Linsen-Pasta im Vorratsschrank. Daraus kann man blitzschnell eine leckere Pasta zaubern, die ganz und gar nicht nach Last-Minute-Küche schmeckt. Bei der Wahl der Nüsse nehme ich, was da ist. Aufgrund ihres Röstaromas sind Haselnüsse aber definitiv mein Favorit.

Für 2 Personen

70 g Haselnüsse oder Walnüsse (oder Nüsse nach Wahl)
3 Zweige frischer oder 1 TL getrockneter Thymian
1 Knoblauchzehe
1 TL natives Olivenöl
½ TL Rosmarin
200 g gegrillte Paprika aus dem Glas + 3 EL Öl aus dem Paprikaglas (Alternative siehe Küchentipp)
Meer- oder Steinsalz und Pfeffer
300 g Rote Linsen-Pasta (oder Pasta nach Wahl)

- Die Nüsse in einer Pfanne ohne Fett ca. 5 Minuten rösten. Den Thymian dazugeben und ca. 1 Minute mit anrösten und umfüllen. Den Knoblauch schälen und klein schneiden. 1 TL Öl in die Pfanne geben und den Knoblauch darin kurz anbraten.
- Nüsse, Thymian, Rosmarin, Knoblauch, gegrillte Paprika und 3 EL des Öls in einen Food Processor geben und darin pürieren. Beim Einsatz eines Pürierstabs erst die Haselnüsse mit einem Messer fein hacken und dann alles mit dem Pürierstab zerkleinern. Mit Salz und Pfeffer verfeinern.
- Die Pasta nach Anleitung bissfest kochen und mit dem Pesto servieren.

Himmlisch für Körper und Seele, weil …

… Paprika eine der besten Vitamin-C- und Betacarotin-Quellen ist. Wer Paprika gut verträgt, sollte sie regelmäßig verzehren, da eine Paprika bereits bis zu 50 Prozent des Tagesbedarfs an Betacarotin deckt. Der rotgelbe Farbstoff wird im Körper in Vitamin A umgewandelt und unterstützt dort nicht nur das Immunsystem, sondern auch unser Augenlicht. Die Pasta aus roten Linsen liefert in diesem Gericht pflanzliche Proteine, eine große Portion Ballaststoffe sowie Spurenelemente wie Eisen. Die Kombination der Vitamin-C-reichen Paprika und der Linsen verbessert übrigens die Aufnahme des Eisens im Körper.

Küchentipp: In diesem Rezept kann auch frische Paprika verwendet werden. Dazu einfach zwei große Paprika entkernen, halbieren und mit der Innenseite nach unten auf einem Backblech bei 180 °C Umluft (200 °C Ober- und Unterhitze) ca. 20–25 Minuten rösten. Eventuell die Haut abziehen (manche Menschen vertragen Paprika ohne Schale besser) und wie oben beschrieben weitermachen. Bei dieser Variante müssen noch 2 EL natives Olivenöl zum Pesto gegeben werden.

25 MIN.

ZITRONEN-OLIVEN-SPAGHETTI AGLIO ET OLIO

Diese Pasta ist das ultimative Wohlfühlessen. In Zitronensaft marinierte Oliven haben wir zum ersten Mal auf Mallorca bei meiner Bekannten Stefanie Reeb gegessen. Sie ist eine fantastische Köchin und wir teilen eine gemeinsame Ernährungsphilosophie. Seit unserem Besuch gibt es bei uns im Sommer ganz häufig warme Zitronen-Oliven. Zusammen mit Pasta und Knoblauch ist es ein himmlisches und vor allem schnelles Pastagericht.

Für 2 Personen

1 Bio-Zitrone
3 frische Knoblauchzehen
60 g Oliven (z.B. Kalamata)
eine Handvoll Basilikum, mehr zur Deko
eine Handvoll glatte Petersilie, mehr zur Deko
1 Handvoll (60 g) Blattspinat
250 g (glutenfreie) Vollkornspaghetti (z.B. aus Linsen oder Kichererbsen)
3 EL natives Olivenöl
¼ TL Chiliflocken
Meer- oder Steinsalz und Pfeffer

- Die Zitrone halbieren. 1 TL Zitronenschale abreiben und eine Hälfte der Zitrone auspressen. Den Knoblauch schälen und fein hacken. Die Oliven entsteinen. Die Kräuter und den Spinat grob hacken.
- Die Spaghetti in Salzwasser al dente kochen.
- Währenddessen das Öl in einer Pfanne leicht erhitzen und Knoblauch, Zitronensaft, Zitronenschale, Chiliflocken, Oliven und Salz darin leicht anbraten, damit sich das Aroma entfaltet. Den Spinat dazugeben und unterrühren, bis er eingefallen ist. Zum Schluss die Kräuter dazugeben.
- Die Pasta abgießen und ca. 80 ml des Pastawassers abnehmen und in die Pfanne geben. Einmal aufkochen lassen und die Pasta unter die Sauce heben. Mit mehr Basilikum, Petersilie und optional Zitronenschale als Deko servieren.

Himmlisch für Körper und Seele, weil …

… Oliven wertvolle ungesättigte Fettsäuren, besonders Ölsäure, enthalten. Ölsäure kann nachweislich das schlechte LDL-Cholesterin senken. Zahlreiche Studien haben bereits die positive Wirkung von Oliven auf Herzerkrankungen, Arteriosklerose und Bluthochdruck bewiesen. Der hohe Anteil an Antioxidantien und Vitamin E verzögert übrigens auch den Alterungsprozess. Oliven sind also auch ein wahres Beauty-Food!

Küchentipp: Beim Kauf von Oliven unbedingt auf Qualität achten. Manche schwarze Oliven können gefärbt sein, weil schwarze Oliven länger am Baum hängen müssen und somit teurer in der Produktion sind. Beim Kauf von Oliven mit den meisten Bio-Siegeln ist man meistens auf der sicheren Seite. Ich kaufe meine Oliven immer mit Stein, weil sie dann weniger von der Salzlake aufnehmen, in der sie transportiert werden.

25 MIN.

PASTA CELESTIALE

Ich liebe die italienische Küche, doch seit meiner Ernährungsumstellung koche ich mir italienische Spezialitäten lieber selber. Bisher habe ich nämlich noch keinen guten Italiener gefunden, der Vollkornnudeln anbietet. Dieses Rezept ist inspiriert von der Pasta alla Puttanesca, was übersetzt leider ein Schimpfwort beinhaltet. Ich habe sie stattdessen liebevoll Pasta celestiale genannt: himmlische Pasta.

Für 2 Personen

1 Knoblauchzehe
1 rote Zwiebel
60 g Oliven, z.B. Kalamata
1 Peperoni
100 g Kirschtomaten
1 Handvoll frischer Basilikum
1 Handvoll frische Petersilie
250 g (glutenfreie) Vollkornnudeln, z.B. Vollkornreis oder Vollkorndinkel (nicht glutenfrei)
1 EL natives Olivenöl
2 EL Kapern
2 EL Kapernlake
1 EL Balsamico-Essig
400 g (1 Dose) gehackte Tomaten
½ TL Oregano oder gefrorene italienische Kräuter
½ TL Meer- oder Steinsalz
frischer schwarzer Pfeffer

- Die Knoblauchzehe und die Zwiebel schälen und fein würfeln. Die Oliven entkernen und grob klein schneiden. Die Peperoni entkernen und in Ringe schneiden. Die Kirschtomaten halbieren und die frischen Kräuter grob hacken.
- Die Nudeln in Salzwasser al dente kochen.
- Das Olivenöl in einer Pfanne erhitzen. Die Zwiebeln darin ca. 2 Minuten anbraten. Knoblauch und Peperoni dazugeben und weitere 2 Minuten auf mittlerer Hitze anbraten. Oliven, Kirschtomaten, Kapern, Kapernlake, Balsamico-Essig, gehackte Tomaten, ¼ Dose Wasser, Basilikum, Petersilie , Oregano und Salz dazugeben. Die Tomatensauce auf hoher Hitze zum Kochen bringen. Die Hitze reduzieren und ca. 12 Minuten köcheln lassen. Ca. 4 EL Pastawasser abnehmen, die Nudeln abgießen und das Pastawasser unter die Sauce rühren. Die Nudeln dazugeben und gut verrühren.
- Mit Salz und Pfeffer würzen und mit Basilikum und Petersilie servieren.

Himmlisch für Körper und Seele, weil …

… Kapern ein wahres Heilmittel sind. Außer in Königsberger Klopsen kommen sie in der nordeuropäischen Küche allerdings selten zum Einsatz. Dabei haben diverse Studien bestätigt, dass Kapern den Blutzuckerspiegel senken, entzündungshemmend wirken und das Immunsystem stärken können. Es ist also ziemlich clever von den Südeuropäern, dass sie Kapern zu Pasta hinzufügen, die den Blutzuckerspiegel normalerweise steigert.

Küchentipp: Spiralisierte Karotten, Babyspinat oder in Streifen geschnittene Paprika geben dem Gericht noch mehr Vitamine.

25 MIN.

MEZZE-TELLER MIT FATTOUSH-SALAT

Ich liebe nicht nur die Aromen der arabischen Küche, sondern auch die Art und Weise, wie Mahlzeiten dort geteilt werden. Diesen „Mezze-Charakter" hat auch dieser schnelle Mittagsteller. Wenn der Hummus bereits im Kühlschrank auf einen wartet, ist das Gericht im Nu zubereitet.

Für 2 Personen

Für den Fattoush-Salat

100 g Hirse
200 ml Wasser
½ TL Apfelessig
½ Bund glatte Petersilie
ca. 2 Stiele Minze
1 Gurke
400 g Tomaten
½ rote Zwiebel

Für das Zitronen-Dressing

3 EL natives Olivenöl
2 EL Zitronensaft
1 TL roher Honig oder Ahornsirup
1 Knoblauchzehe
Meer- oder Steinsalz und Pfeffer

Für den Mezze-Teller

Ca. 10 Oliven
60 g Hummus (Seite 38)
1 EL Dukkah (Seite 38)
6 EL Kichererbsen
Kokosjoghurt
Super-Naan (Seite 99, optional)

- Die Hirse mit 200 ml Wasser und dem Apfelessig aufkochen. Ca. 10 Minuten köcheln lassen. Vom Herd nehmen und weitere 10 Minuten quellen lassen.
- In der Zwischenzeit die Petersilie und die Minze grob hacken, die Gurke und die Tomaten würfeln und die Zwiebel schälen und würfeln.
- Die Knoblauchzehe auspressen und mit den restlichen Zutaten für das Dressing vermengen. Petersilie, Gurke, Tomate, Zwiebel und Minze mit dem Dressing zu einem Salat vermengen.
- Hirse, Salat, Oliven, Hummus, Dukkah, Kichererbsen und Kokosjoghurt auf zwei Tellern anrichten und ggf. mit selbst gemachtem Super-Naan servieren.

Himmlisch für Körper und Seele, weil …

… dieser Mezze-Teller alles beinhaltet, was eine gesunde Mahlzeit ausmacht: ein ballaststoffreiches Pseudogetreide, Blattgrün, gesunde Fette sowie eine proteinreiche Hülsenfrucht.

25–60 MIN.

SUPER-NAAN (PFANNENBROT)

Naan ist indisches Fladenbrot, das traditionell aus Weizenmehl gemacht wird. Da ich generell keine guten Erfahrungen mit glutenfreiem Mehl und Hefe gemacht habe, gibt es hier zwei unterschiedliche Rezepte. Ich mache das Naan gerne zu dem Montags-Dal (Seite 112), zum Mezze-Teller (Seite 96) oder als Stippbrot für das Kürbis-Walnuss-Chili (Seite 206). Es lässt sich prima einfrieren und einfach im Toaster aufwärmen.

Für die Dinkelmehl-Variante

120 g Dinkelvollkornmehl
150 g Dinkelmehl Type 1050
3 g Trockenhefe
40 g Kokosjoghurt
1 EL natives Olivenöl + mehr zum Anbraten
90 ml lauwarmes Wasser
½ TL Meer- oder Steinsalz

- Alle Zutaten in einer Schüssel vermengen. Mit einem Knethaken ca. 10 Minuten zu einem klebrigen Teig kneten. Den Teig in eine bemehlte Schüssel geben und dort ca. 40 Minuten gehen lassen, bis sich das Volumen verdoppelt hat.
- Den Teig in vier bis sechs gleich große Teigbällchen aufteilen und auf einer bemehlten Fläche zu ½ cm dicken Fladen ausrollen.
- Etwas Olivenöl in der Pfanne erhitzen und jeden Fladen darin ca. 2–3 Minuten pro Seite backen.

Für die glutenfreie Variante

3 EL geschrotete Leinsamen
5 EL Wasser
120 g Vollkornreismehl
100 g Buchweizenmehl
1 gehäufter TL Flohsamenschalen
½ TL Meer- oder Steinsalz
9 g Weinstein-Backpulver
170 g ungesüßter pflanzlicher Joghurt, z.B. Kokosjoghurt
1 TL Apfelessig
1 EL natives Olivenöl + mehr zum Anbraten
30 ml sprudeliges Mineralwasser

- Die Leinsamen mit dem Wasser vermengen und zum Andicken zur Seite stellen. Die trockenen Zutaten in einer Schüssel gut vermengen.
- Den Joghurt mit dem Apfelessig, dem Olivenöl und dem Leinsamen-Mix in einer zweiten Schüssel vermengen. Die nassen zu den trockenen Zutaten geben und zum Schluss das Mineralwasser unterrühren. Aus dem Teig 4 gleich große Kugeln formen und diese zu ½–1 cm dicken Fladen ausrollen.
- Etwas Olivenöl in der Pfanne erhitzen und jeden Fladen darin ca. 2–3 Minuten pro Seite backen.

20 MIN.

CAJUN-QUINOA-BOWL

Seit ich in den amerikanischen Südstaaten gelebt habe, bin ich ein großer Fan der Cajun-Küche. Auch in Deutschland wird die kreolische Küche Louisianas immer beliebter. Es lohnt sich also, sich eine Cajun-Gewürzmischung zuzulegen, denn diese verfeinert jede Gemüsepfanne. In diesem Gericht wird Quinoa direkt mit getrockneten Tomaten, Gemüse und Cajun-Gewürz gekocht. Ein schneller Mittagseintopf, den ich am liebsten mit Rucola und Oliven genieße.

Für 2 Personen

½ rote Zwiebel
1 Paprika
1 kleiner Fenchel
30 g getrocknete Tomaten (nicht in Öl eingelegt)
150 g Quinoa
1 EL natives Olivenöl
1 TL Paprikapulver
1 TL Fenchelsamen
3 TL Cajun-Gewürz (oder 2 TL Oregano, 1 TL Thymian, ¼ TL Cayennepfeffer)
2 EL Tomatenmark

Dazu passen

Rucola, Oliven
Last-Minute-Vollkornbrötchen (Seite 71)

- Die Zwiebel schälen und hacken. Paprika, Fenchel und getrocknete Tomaten in mundgerechte Stücke schneiden. Die Quinoa gut abspülen.
- Das Öl in einem Topf erhitzen und die Zwiebel darin glasig andünsten. Die Gewürze dazugeben und kurz mit anschwitzen. Das Gemüse, die getrockneten Tomaten und das Tomatenmark dazugeben und vollständig mit den Gewürzen bedecken.
- Die Quinoa und 300 ml Wasser dazugeben und alles auf hoher Hitze aufkochen. Die Hitze reduzieren und ca. 12–14 Minuten köcheln lassen.
- Die Quinoa mit Rucola, Oliven und Brot oder Brötchen genießen.

Himmlisch für Körper und Seele, weil …

… Quinoa nicht nur die Stimmung hebt, sondern auch Candida (ein Hefepilz, unter dem besonders viele Frauen leiden) die Stirn bietet. Hefepilze ernähren sich im Darm am liebsten von Zucker und Lebensmitteln mit hohem glykämischen Index (GI). Da Quinoa zu einem Großteil aus Aminosäuren, also Proteinen, und komplexen Kohlenhydraten besteht, hat es einen sehr niedrigen glykämischen Index. Eine Ernährung reich an komplexen Kohlenhydraten hilft folglich dabei, Candida den Garaus zu machen.

30 MIN.

WOCHENMARKT-NUDELSALAT

Dieses Rezept könnte saisonaler, regionaler und günstiger nicht sein. Das Prinzip ist simpel, aber effektiv: Man kauft am Wochenende (oder wann auch immer Wochenmarkt ist) nur regionales und saisonales Gemüse ein, röstet es im Ofen und vermengt es mit saisonalem Pesto und Nudeln. Durch das saisonale Gemüse enthält dieser Nudelsalat die maximale Menge an Nährstoffen und ist außerdem eine echte Geschmacksbombe.

Für 2 Personen

Für den Salat

ca. 500 g saisonales Gemüse, z.B.:
Frühling: Spargel, Blumenkohl, Radieschen
Sommer: Tomaten, Champignons, Paprika
Herbst: Kürbis, Karotten, Rote Bete
Winter: Pastinaken, Lauch, Rosenkohl
1 EL natives Olivenöl
Meer- oder Steinsalz und Pfeffer
250 g Vollkornnudeln, z.B. Nudeln aus Linsen oder Dinkel (nicht glutenfrei)

Für das saisonale Pesto

Saft von ½ Zitrone
50 g Walnüsse (oder Mandeln, Pinienkerne, Sonnenblumenkerne etc.)
1 Handvoll Blattgrün (siehe Küchentipp)
6 EL natives Olivenöl
1 Knoblauchzehe
Meer- oder Steinsalz und Pfeffer

- Den Backofen auf 160 °C Umluft (180 °C Ober- und Unterhitze) vorheizen.
- Das Gemüse, falls nötig, schälen, in mundgerechte Stücke schneiden und auf einem Blech mit dem Olivenöl und etwas Salz und Pfeffer vermengen. Alles ca. 20–25 Minuten rösten. Die genaue Garzeit hängt etwas vom verwendeten Gemüse ab. Achtet bei dem Ofengemüse auf die unterschiedliche Garzeit der Sorten. Falls nötig, die Gemüsesorten erst nacheinander auf das Blech geben. Wurzelgemüse wie Rote Bete, Karotten und auch Kürbis brauchen erfahrungsgemäß etwas länger im Ofen und sollten als Erstes aufs Blech gegeben werden.
- In der Zwischenzeit die Pasta nach Anleitung kochen und alle Zutaten für das Pesto mit einem Pürierstab, in einer Küchenmaschine oder einem Food Processor vermengen.
- Das geröstete Wochenmarkt-Gemüse mit dem Pesto und den Nudeln vermengen und warm oder kalt genießen.

Himmlisch für Körper und Seele, weil …

… die saisonale und regionale Küche nicht nur am gesündesten, sondern auch noch gut für unseren Planeten ist. Häufig wird das Gemüse auf den Wochenmärkten von regionalen Bauern sehr kurzfristig geerntet und enthält so noch die maximale Menge an Nährstoffen.

Küchentipp: Auch das Pesto kann saisonal angepasst werden. Im Frühling mit Bärlauch, im Sommer mit Rucola, im Herbst mit Spinat und im Winter mit Grünkohl.

20 MIN.

CHORTA – GRIECHISCHES BLATTGEMÜSE MIT BROKKOLI UND BOHNEN

Im ersten Moment würden die wenigsten Menschen die griechische Küche als gesunde Küche bezeichnen. Das liegt sicher an den großen Grilltellern, die wir damit assoziieren. Doch gehören auch die Griechen zu den Völkern, die am längsten und gesündesten leben. Hier wird viel Gemüse und außerordentlich gutes Olivenöl gegessen. Ein sehr bekanntes griechisches Gericht ist Chorta, warmes Wildgemüse mit Zitronensaft und Olivenöl. Es wird in Griechenland oft als Vorspeise serviert und könnte gesünder nicht sein. Gerade für Frauen (und Männer) mit Eisenmangel ist es ideal, da grünes Blattgemüse reich an pflanzlichem Eisen ist.

Für 2 Personen

500 g grünes Blattgemüse (z.B. Mangold, Spinat, Löwenzahn, Rucola, Sauerampfer)
1 rote Zwiebel
4 EL natives Olivenöl
1 kleiner Brokkoli
1 Glas (400 g) weiße Bohnen (oder Linsen)
1 Bio-Zitrone
½ TL Meer- oder Steinsalz
etwas Dukkah oder Walnüsse (optional)

- Das Blattgemüse gründlich waschen und in mundgerechte Stücke schneiden. Die Zwiebel schälen und fein hacken. Ein wenig Olivenöl in der Pfanne erhitzen und die Zwiebel darin ca. 2 Minuten leicht anbraten. Den Brokkoli dazugeben und ca. 3–4 Minuten anbraten. Nun das Blattgrün dazugeben, den Deckel auf die Pfanne geben und kurz warten, bis das Blattgrün eingefallen ist. Die abgegossenen Bohnen (oder Linsen) dazugeben und mit mehr Olivenöl, Zitronensaft, Salz und Pfeffer abschmecken.
- Wer mag, gibt noch etwas Dukkah (Seite 38) drüber.

Himmlisch für Körper und Seele, weil ...

... dieses Gericht das wahrscheinlich gesündeste Gericht im gesamten Buch ist. Wenn mich jemand fragt, wie er ohne viel Aufwand gesünder essen kann, lautet meine Antwort immer: mit dunkelgrünem Blattgemüse. Spinat, Mangold, Grünkohl oder Wildkräuter – alles Dunkelgrüne zählt zu den gesündesten Lebensmitteln der Welt. Diese Gemüse enthalten eine Vielzahl an Vitalstoffen wie z.B. Vitamin K, das für die Blutgerinnung sowie unsere Knochen und Zähne wichtig ist. Ebenfalls enthält es Magnesium, Kalzium und Eisen. Letzteres wird durch die Zugabe von Zitronensaft besser vom Körper aufgenommen.

Varianten: Anstatt Bohnen oder Linsen können auch vorgekochte Quinoa, Hirse oder Buchweizen vom Meal Prep (Seite 28) verwendet werden. Wenn es aber mal schnell gehen soll, ist es absolut nicht verwerflich, auf Bohnen, Linsen oder Kichererbsen aus dem Glas oder der Dose zurückzugreifen.

20 MIN.

TIEFKÜHLER-PFANNENCURRY

Dieses Gericht besteht komplett aus Vorratszutaten und ist somit das beste Last-Minute-Essen, wenn der Kühlschrank absolut nichts Frisches mehr hergibt. Tiefkühlgemüse klingt nicht gerade sexy, doch wird das Gemüse meistens erntefrisch schockgefroren und enthält so teilweise mehr Vitamine und Nährstoffe als Lagerware. Hier werden Erbsen und Blumenkohl mit wärmenden Gewürzen wie Garam Masala und Kreuzkümmel sowie cremiger Kokosmilch und Cashewmus zu einem himmlischen Pfannencurry vermengt. Einfach, schnell und trotzdem nährend.

Für 2 Personen

1 rote Zwiebel
1 kleines Stück Ingwer
2 TL Currypulver
1 TL Senfsamen
1 TL Garam Masala
1 TL Kreuzkümmel
1 EL natives Kokosöl
150 ml Kokosmilch
150 g TK-Erbsen
350 g gefrorener Blumenkohl
1 Dose gehackte Tomaten (400 g)
2 EL Cashewmus (oder etwas mehr Kokosmilch)
Saft von ½ Zitrone (alternativ 1 TL Apfelessig)
½ TL Meer- oder Steinsalz und etwas Pfeffer
vorgekochte Hirse oder Quinoa zum Servieren (siehe Meal-Prep-Tipps Seite 28)

- Die Zwiebel schälen und fein hacken. Den Ingwer schälen und reiben oder ebenfalls hacken. Alle Gewürze in eine Schale füllen.
- Das Öl in einer Pfanne erhitzen und die Zwiebel darin ca. 2 Minuten anbraten. Die Hitze reduzieren und den Ingwer und die Gewürze dazugeben und eine weitere Minute anbraten. 2 EL der Kokosmilch hineingeben und ca. 3 Minuten reduzieren lassen. Nun die Erbsen und den Blumenkohl in die Pfanne geben und mit den Gewürzen vermischen.
- Mit den Tomaten und der restlichen Kokosmilch ablöschen und kurz aufkochen. Die Hitze reduzieren und den Pfanneninhalt für 10 Minuten köcheln lassen.
- Gegen Ende das Cashewmus unterrühren und mit Zitronensaft, Salz und Pfeffer abschmecken.
- Mit vorgekochter Hirse oder Quinoa servieren oder pur genießen.

Himmlisch für Körper und Seele, weil …

… gefrorene Erbsen ein sehr unterschätztes Gemüse sind. Sie sind eine prima pflanzliche Proteinquelle und halten aufgrund ihres hohen Ballaststoffgehaltes lange satt. Durch die B-Vitamine sind Erbsen ebenfalls gut für unser Nervensystem.

30 MIN.

ERDNUSS-LAUCHSUPPE

In den westlichen Staaten Afrikas ist die sogenannte „Groundnut Soup" oder „Peanut Soup" zuhause. Jeder Staat hat dort seine eigene Version der Suppe und meine Version ist sicher alles andere als authentisch. Es ist eine Mischung aus deutscher Lauchsuppe und afrikanischer Erdnusssuppe, eine unkonventionelle, aber sehr aromatische Liaison. Die Süßkartoffeln verleihen der Suppe eine natürliche Süße, das Erdnussmus Cremigkeit und der Blattspinat eine Extraportion Vitamine. Bei Erdnussallergie können die Nüsse weggelassen oder durch Cashewkerne, Mandeln oder Sonnenblumenkerne ersetzt werden.

Für 4 Personen

2 Schalotten (oder 1 rote Zwiebel)
1 Knoblauchzehe
2 Karotten
1 mittelgroße Süßkartoffel
2 Stangen Lauch
1 EL natives Kokosöl
2 TL Currypulver
500 ml Wasser
2 EL Gemüsebrühepaste (Seite 40)
200 ml Kokosmilch
2 EL Erdnussmus
60 g Erdnüsse
2 Handvoll Babyspinat
Saft von ½ Zitrone
Meer- oder Steinsalz und Pfeffer

- Die Schalotten und die Knoblauchzehe schälen und fein hacken. Die Karotten und die Süßkartoffel schälen und mundgerecht würfeln. Den Lauch in Ringe schneiden.
- Das Kokosöl in einem Topf erhitzen. Die Schalotten darin ca. 1 Minute anbraten. Knoblauch und Currypulver dazugeben und kurz mit anbraten, bis sich das Aroma entfaltet hat. Die Karotten, die Süßkartoffeln und den Lauch dazugeben und ca. 3 Minuten mit anbraten. Mit dem Wasser und der Gemüsebrühepaste ablöschen und aufkochen. Die Hitze reduzieren und alles ca. 20 Minuten köcheln lassen. Dann die Kokosmilch und das Erdnussmus unterrühren und kurz erwärmen. Die Hälfte der Erdnüsse und den Babyspinat unterheben.
- Mit Zitronensaft, Salz und Pfeffer abschmecken und mit den restlichen Erdnüssen garnieren.

Himmlisch für Körper und Seele, weil …

… Lauch ein unterschätztes Heilgemüse ist. Er liefert eine Menge Vitamin K, was zu starken Knochen und Gelenken beiträgt und Osteoporose vorbeugt. Lauch sorgt ebenfalls für ein gesundes Klima im Darm, da er zu den wenigen Lebensmitteln mit hohem Inulingehalt gehört. Der lösliche Ballaststoff Inulin glänzt mit positiver Wirkung auf unsere Darmflora, da er die guten Darmbakterien nährt und somit die Verdauung anregt. Wer Probleme mit Blähungen nach dem Verzehr von Lauch hat, kann mit blähreduzierenden Gewürzen wie Fenchel oder Kümmel vorbeugen.

„BESSER ALS LIEFERSERVICE" – MEINE FEIERABENDKÜCHE

Ich lebe in einer Kleinstadt, weshalb sich die Lieferservice-Angebote sehr in Grenzen halten. Hätten wir ein breiteres Angebot, wäre die Versuchung, eben schnell Essen zu bestellen, sicher größer, doch so gehen unsere jährlichen Essensbestellungen gen Null. Die Rezepte in diesem Kapitel haben alle den Anspruch, besser zu sein und schneller zu sein als „Essen auf Rädern". Bis die Pizza bei euch vor der Tür steht, habt ihr z.B. die Mini-Socca-Pizzen von Seite 116 dreimal fertig. Die Ansprüche an die Gerichte in diesem Kapitel waren folgende: Sie sollten den Körper nach einem anstrengenden Arbeitstag maximal nähren, ohne viel Aufwand und Abwasch zubereitet werden können und hauptsächlich aus Vorratszutaten bestehen. Das Montags-Dal von Seite 112 bedarf nur ganz wenig Schnibbelei und köchelt im Topf zu einem wohligen, wärmenden Eintopf vor sich hin, während man sich aus der Arbeitskleidung in die gemütliche Jogginghose wirft. Ebenfalls enthält dieses Kapitel viele asiatische Gerichte, weil ich die diversen asiatischen Küchen einfach liebe. Die Thai-Curry-Nudeln (Seite 128) und die Thai-Erdnuss-Nudelsuppe (Seite 135) sind aus unserem Leben wirklich nicht wegzudenken. Die Rote-Bete-Kurkuma-Nudeln (Seite 120) sind vielleicht ungewöhnlich, doch sind sie ein heißgeliebtes Traditionsgericht in meiner Familie und in unter 30 Minuten auf dem Tisch. Natürlich gibt es auch bei uns sehr häufig komplette Ofengerichte. Sogenannte „Ein-Blech"-Gerichte (Seiten 123–127) sind nicht nur praktisch, weil sie den Abwasch minimieren, sie lassen sich auch prima zur Resteverwertung nutzen.

40 MIN.

AYURVEDISCHES MONTAGS-GEMÜSE-DAL

Stellt euch vor, es ist Montag, es regnet und ihr kommt völlig fertig von der Arbeit nach Hause. Die Verführung, mit ein paar Klicks online Essen zu bestellen, ist riesig. Doch dann erinnert ihr euch auf einmal an das Montags-Dal aus diesem Buch. Wie wohlig ihr euch danach fühlt. Wie es wärmt – wie eine kuschelige Decke von innen. Mit diesem Dal wird jeder noch so anstrengende Tag ein bisschen erträglicher.

Für 3–4 Personen

1 rote Zwiebel
1 Knoblauchzehe
1 daumengroßes Stück Ingwer
1 große Tomate (ca. 160 g)
1 Apfel
300 g Gemüse (z.B. Karotten, Zucchini, Erbsen, Paprika, Brokkoli, Blumenkohl)
2 TL Currypulver
1 TL Kurkuma
¼ TL Chiliflocken
½ TL Senfsamen
100 g rote Linsen
1 EL natives Kokosöl
400 ml Wasser, evtl. mehr
2 EL Gemüsebrühepaste (Seite 40)
100 ml Kokosmilch
Saft von ½ Zitrone
Meer- oder Kristallsalz und Pfeffer
gekochter Vollkorn-Basmatireis zum Servieren (optional)
Koriander zum Servieren (optional)

- Die Zwiebel, den Knoblauch und den Ingwer schälen und fein hacken bzw. den Ingwer reiben. Die Tomate, den Apfel und das Gemüse nach Wahl ebenfalls würfeln. Alle Gewürze in einer kleinen Schale vermengen. Die Linsen unter fließendem Wasser abspülen.
- Das Kokosöl in einem Kochtopf erhitzen. Die Zwiebel darin glasig dünsten. Den Ingwer, den Knoblauch, den Apfel und die Gewürze dazugeben und mit anbraten, bis sich das Aroma entfaltet hat. Die Tomate und das Gemüse hinzugeben und ca. 3–4 Minuten anbraten, sodass alles gut mit Gewürzen bedeckt ist.
- Die Linsen, das Wasser, die Gemüsebrühepaste und die Kokosmilch dazugeben und alles einmal aufkochen. Die Hitze reduzieren und das Dal ca. 25–30 Minuten köcheln lassen. Zwischendurch immer wieder umrühren und ggf. etwas mehr Wasser dazugeben, falls es zu dickflüssig scheint.
- Das Dal mit dem Zitronensaft, ggf. Salz und Pfeffer abschmecken und pur oder mit gekochtem Vollkorn-Basmatireis und Koriander servieren.

Himmlisch für Körper und Seele, weil …

… rote Linsen zu den bekömmlichsten Linsen gehören. Man muss sie für eine gute Bekömmlichkeit nicht vorher einweichen, weshalb sie sich prima für die schnelle und einfache Küche eignen. Rote Linsen sind ebenfalls ein sehr guter Eiweißlieferant und sie enthalten Eisen und Folsäure. Deshalb sind sie gerade während der Schwangerschaft ideal. Die Kombination aus Linsen und Zitronen ist ganz besonders gut, denn das Vitamin C in den Zitronen steigert die Eisenaufnahme im Körper. Vor dem Essen also unbedingt ein wenig Zitronensaft über das Dal spritzen.

50 MIN.

OFENSPARGEL MIT FRÜHLINGSPESTO

Keine Frage, wir Deutschen lieben unseren weißen Spargel. Für ein paar Wochen im Frühling mutiert Deutschland zum Spargelland. Die traditionelle Variante mit Hollandaise schmeckt vorzüglich, doch ich habe für mich vor einigen Jahren Ofenspargel entdeckt. Im Ofen mit Olivenöl, Tomaten und Essig geröstet, ergibt dieses Gericht ein himmlisches Zusammenspiel von Aromen. Im Bild habe ich die Kartoffeln auf das Spargelblech gegeben; ich empfehle aber, den Spargel und die Kartoffeln getrennt voneinander auf zwei Blechen zu rösten.

Für 2 Personen

½ Zitrone
2 Knoblauchzehen
500 g Spargel (weiß und/oder grün)
500 g Drillinge (kleine Kartoffeln)
3 EL natives Olivenöl
Meer- oder Steinsalz und Pfeffer
400 g Kirschtomaten
2 EL Balsamico-Essig
20 g Mandelblättchen

Für das Frühlingspesto

30 g Mandeln
30 g Rucola
5 Minzblätter
70 ml natives Olivenöl
½ TL Meer- oder Steinsalz
Saft von ½ Zitrone

- Den Backofen auf 180 °C Umluft vorheizen. Da hier zwei Bleche in den Ofen gehen, rate ich zum Umluft-Modus im Backofen. Die halbe Zitrone in Scheiben schneiden. Den Knoblauch schälen und in Scheiben schneiden. Den weißen Spargel schälen und die harten Enden von beiden Sorten entfernen.
- Die Kartoffeln putzen und vierteln. Die Kartoffeln auf einem Blech mit 1 EL Öl und etwas Salz vermengen und in den Ofen geben. Die Kartoffeln brauchen etwas länger, in der Zwischenzeit das Spargelblech vorbereiten.
- 1 EL Olivenöl auf einem zweiten Backblech verteilen und den Spargel, den Knoblauch und die Zitronenscheiben darauf verteilen. Die Tomaten halbieren (einige davon gerne ganz lassen) und über dem Spargel verteilen. 1 EL Olivenöl, den Balsamico-Essig und jeweils 1 Prise Salz und Pfeffer über dem Blech verteilen und insgesamt ca. 30 Minuten backen. Nach 15 Minuten den Spargel wenden und eventuell ein wenig von dem ausgetretenen Saft über dem Spargel verteilen, falls er zu trocken scheint.
- Für das Pesto alle Zutaten mit einem Pürierstab oder einer Küchenmaschine grob pürieren.
- Ca. 5 Minuten bevor der Spargel gar ist, die Mandelblättchen und 2 EL Pesto über dem Spargelblech verteilen.
- Den Spargel mit den Ofenkartoffeln und dem Pesto servieren.

Himmlisch für Körper und Seele, weil …

… Spargel die Darmflora pflegt. Der in Spargel enthaltene präbiotische Wirkstoff Inulin gilt als Nahrungsmittel für die guten Darmbakterien und hat somit einen positiven Einfluss auf unsere Darmgesundheit.

15–30 MIN.

MINI-SOCCA-PIZZA MIT VIER VERSCHIEDENEN TOPPINGS

Socca ist eine südfranzösische Spezialität, die Teigfladen oder Pfannkuchen ähnelt. Sie besteht im Grunde nur aus einer Hauptzutat: Kichererbsenmehl. Hinzu kommen Wasser und Salz und ein paar weitere Grundzutaten, die man immer auf Vorrat hat. Diese Mini-Socca-Pizza ist schnell gemacht und kann natürlich mit dem Lieblings-Pizzabelag garniert werden. Plant mit 2–3 Pizzen pro Person.

Für 2 Mini-Pizzen

75 g Kichererbsenmehl
120 ml Wasser
½ TL Apfelessig
½ TL Meer- oder Steinsalz
schwarzer Pfeffer
1 TL natives Olivenöl + mehr zum Anbraten
Gewürze nach Wahl, z.B. Thymian, Oregano, Basilikum
4 EL Tomatenmark

Geröstete Paprika & Pinienkerne

1 Paprika
1 EL Pinienkerne

Pesto, Oliven & Tomaten

1 EL selbst gemachtes Pesto (Seite 103, 115 oder 197)
50 g getrocknete Tomaten
4 entsteinte Oliven

Karamellisierte Zwiebeln & Fenchel

1 rote Zwiebel
¼ Fenchel

Mangold mit Pilzen

100 g Mangold
3 Champignons
1 TL Tamari

- Alle Zutaten für die Pizza bis auf das Tomatenmark in einer Schüssel vermengen. Etwas Olivenöl in einer Pfanne erhitzen und die Hälfte des Teigs darin verteilen. Die Socca-Pizza von jeder Seite etwa 3 Minuten anbraten und mit dem restlichen Teig wiederholen. Das Tomatenmark mit 1 EL Wasser verdünnen und die Pizzen damit bestreichen. Die Pizzen dann noch einmal bei 180 °C Ober- und Unterhitze für 10 Minuten backen und anschließend mit den Lieblingstoppings belegen.

- Geröstete Paprika & Pinienkerne: Die Paprika in Streifen schneiden und mit etwas Olivenöl und Salz vermengen. Bei 180 °C Umluft (200 °C Ober- und Unterhitze) ca. 20 Minuten rösten, bis sie leicht braun wird. Die Pinienkerne in einer Pfanne ohne Öl goldbraun anbraten. Die Pizza mit beidem belegen.

- Pesto, Oliven & Tomaten: Die Pizza mit dem Pesto bestreichen und mit den Tomaten und Oliven belegen.

- Karamellisierte Zwiebeln & Fenchel: Die Zwiebel in Ringe schneiden und in etwas Öl goldbraun braten. Den Fenchel mit einem Sparschäler in dünne Streifen schneiden. Die Pizza mit den Zwiebeln und dem rohen Fenchel belegen.

- Mangold mit Pilzen: Den Mangold klein schneiden. Die Champignons in Streifen schneiden und in etwas Öl anbraten. Sobald die Champignons ihre Flüssigkeit verlieren, den Mangold dazugeben und mit anbraten, bis dieser eingefallen ist. Mit Tamari ablöschen und auf der Pizza verteilen.

40 MIN.

GERÖSTETE SÜSSKARTOFFEL-TOMATENSUPPE

Früher mochte ich Tomaten nur in Suppenform. Heute liebe ich Tomaten auch roh, doch Tomatensuppe ist immer noch mein absoluter Favorit. Diese Suppe ist durch das Rösten der Tomaten und Süßkartoffeln unfassbar aromatisch. Sie ist auch schnell gemacht, weil das Gemüse nur im Ofen gart und dann zusammen mit Gemüsebrühe und weißen Bohnen püriert wird. Ein unscheinbares Gericht, das jedoch durch die Röstaromen und die Süße der Tomaten und Süßkartoffeln überzeugt.

Für 4 Personen

300 g Süßkartoffeln
750 g Rispentomaten
2 rote Zwiebeln
2 Knoblauchzehen
2 EL natives Olivenöl
1 EL Balsamico-Essig
3 Stängel Thymian + etwas zum Servieren
Meer- oder Steinsalz und Pfeffer
600 ml Wasser
2 EL Gemüsebrühepaste (Seite 40)
200 g weiße Bohnen (optional)

Für die Croûtons

4 Scheiben altes Vollkornsauerteigbrot oder (glutenfreies) Brot nach Wahl
1 EL natives Olivenöl
etwas Meer- oder Steinsalz

- Den Backofen auf 180 °C Umluft (200 °C Ober- und Unterhitze) vorheizen.
- Die Süßkartoffeln schälen und würfeln. Die Tomaten halbieren. Die Zwiebeln schälen und vierteln. Süßkartoffeln, Tomaten, Zwiebeln und Knoblauchzehen mit Schale auf ein Backblech geben, mit dem Öl und dem Balsamico beträufeln. Die Blätter vom Thymianzweig abstreifen und zusammen mit Salz und Pfeffer zum Gemüse geben, alles gut miteinander vermengen und im Ofen ca. 25 Minuten backen.
- Für die Croûtons das Brot in mundgerechte Stücke schneiden und mit etwas Olivenöl in einer Pfanne anbraten, bis es von beiden Seiten kross ist. Leicht salzen und zur Seite stellen.
- Wenn das Gemüse gar ist, die Knoblauchzehen vorsichtig abziehen und zusammen mit dem gesamten Blechinhalt, dem Wasser, der Gemüsebrühepaste und ggf. den weißen Bohnen in einen Topf geben und mit einem Pürierstab pürieren. Alternativ alles in einen hitzebeständigen Mixer geben und zur Wunschkonsistenz pürieren. Wer keine Tomatenkerne in der Suppe mag, kann sie noch durch ein Sieb geben. Ich mag sie aber mit ein paar Stückchen am liebsten.
- Die Suppe mit den Croûtons und frischem Thymian servieren. Sie schmeckt auch eisgekühlt als Gazpacho fantastisch.

Küchentipp: Hier kann gerne etwas mit Gewürzen gespielt werden. Mit Zimt, Koriander oder Kreuzkümmel nimmt die Suppe einen leicht mexikanischen Touch an. Kräuter der Provence lassen sie etwas französischer schmecken.

30 MIN.

ROTE-BETE-KURKUMA-NUDELN

Ihr seid kein Rote-Bete-Fan? Seid gewarnt, denn diese Sauce hat schon so manchen Rote-Bete-Hasser überzeugt. Meine Schwester kocht die Sauce sehr gerne für Freunde und fragt danach mit einem Grinsen, was sie eigentlich von Rote Bete halten. Das hat schon zu so manchem ungläubigen Gesicht geführt, denn man schmeckt sie kaum heraus. Gebt dem Gericht also unbedingt eine Chance! Aber Achtung: Durch den Mix aus Kurkuma und Roter Bete färbt die Sauce sehr stark. Die Kleidung unbedingt mit einer Serviette vor Spritzern schützen.

Für 4 Personen

ca. 600 g Dinkel- oder glutenfreie Pasta
200 g frische Rote Bete
1 rote Zwiebel
1 EL natives Olivenöl
200 g Mandelmilch (oder pflanzliche Milch nach Wahl)
2 EL Tamari (glutenfreie Sojasauce)
1 TL Gemüsebrühepaste (Seite 40)
3 TL Kurkuma
80 g weißes Mandelmus oder Sonnenblumenkernmus
1 EL Ahornsirup (oder Honig)
25 g Sonnenblumenkerne
Pfeffer und Meer- oder Steinsalz nach Geschmack

- Die Pasta nach Packungsanleitung kochen.
- Die Rote Bete schälen und in sehr kleine Stücke schneiden, reiben oder im Food Processor zerkleinern.
- Die Zwiebel schälen und fein hacken. Das Olivenöl in einem Kochtopf erhitzen und die Zwiebel darin glasig andünsten. Die Rote Bete dazugeben und ca. eine Minute anbraten.
- Mandelmilch, Tamari, Gemüsebrühepaste und Kurkuma dazugeben und kurz aufkochen lassen. Die Hitze reduzieren und ca. 8–10 Minuten köcheln lassen.
- Das Mandelmus und den Ahornsirup unterrühren und weitere 2–3 Minuten auf niedriger Hitze erwärmen.
- Den Topf vom Herd nehmen, die Sonnenblumenkerne unterrühren und ggf. mit Salz und Pfeffer abschmecken.
- Die Sauce mit der Pasta warm servieren.

Himmlisch für Körper und Seele, weil …

… Rote Bete wirklich eine starke Knolle ist. Sie ist reich an Betain, einem sekundären Pflanzenstoff, der die Gesundheit der Leber und Galle unterstützt. Diese beiden Organe ermöglichen die Ausscheidung von Toxinen und Stoffwechselprodukten. Außerdem unterstützen beide Organe eine gesunde Verdauung, weil sie Verdauungssäfte produzieren. Die Rote Bete ist ebenfalls ein bekannter Blutdrucksenker. Bereits ein Glas Rote-Bete-Saft am Morgen reichte in Studien aus, um den Blutdruck betroffener Menschen signifikant zu senken. Da Rote Bete außerdem in großen Mengen Folsäure enthält, ist sie für Schwangere und Menschen, die sich in einem Heilungsprozess befinden, eine gute Wahl.

40 MIN.

EIN-BLECH-SÜSSKARTOFFELECKEN MIT KICHERERBSEN

„Alles-auf-ein-Blech"-Rezepte gibt es immer dann, wenn ich keine Lust zum Kochen habe. Meistens gebe ich alle Reste auf ein Blech und vermenge sie mit einer leckeren Gewürzmischung. Hier harmonieren die knusprigen Kichererbsen, die krossen Süßkartoffeln und der cremige und erfrischende Joghurt perfekt miteinander und kreieren eine schnelle, aber komplette Mahlzeit.

Für 2 Personen

500 g Süßkartoffeln
4 rote Zwiebeln
1 Glas oder Dose Kichererbsen (400 g)
1 EL natives Olivenöl
1 TL Garam Masala (oder Kreuzkümmel)
1 TL Paprikapulver
Meer- oder Steinsalz und Pfeffer
80 g Spinat
100 g Kokosjoghurt
Abrieb und Saft von 1 Bio-Zitrone

- Den Backofen auf 180 °C Umluft (200 °C Ober- und Unterhitze) vorheizen. Die Süßkartoffeln putzen und in Spalten schneiden. Die Zwiebeln schälen und vierteln. Die Kichererbsen abgießen und zusammen mit den Süßkartoffeln, den Zwiebeln, dem Olivenöl, dem Garam Masala, dem Paprikapulver, Salz und Pfeffer auf einem Blech vermengen. Alles ca. 30 Minuten backen.
- In der Zwischenzeit den Spinat waschen und den Kokosjoghurt mit etwas Zitronenschale und ca. 1 EL Zitronensaft, Salz und Pfeffer verfeinern.
- Den Spinat über dem Blech verteilen und ca. 5 Minuten mitbacken. Das Backblech aus dem Ofen nehmen und den Saft einer halben Zitrone, den Kokosjoghurt und etwas Pfeffer über dem Blech verteilen und alles direkt vom Blech warm genießen.

Himmlisch für Körper und Seele, weil …

… dieses Blechgericht pflanzliche Proteine, Ballaststoffe und gute Fette enthält. Es sättigt, nährt und ist dazu auch noch stressfrei in der Zubereitung. Insgesamt steht man gerade mal 15 Minuten in der Küche und kann sich während der Backzeit dem echten Leben widmen.

45 MIN.

„FEEL-GOOD"-SOMMER-LINGUINE

Dieses einfache Feierabend-Gericht gab es bei uns letzten Sommer mindestens jede zweite Woche. Das Fantastische an dem Ofengericht ist der Tomaten-Sugo, der durch das Rösten der Tomaten mit Zitrone, Frühlingszwiebeln und Knoblauch entsteht. Während die Tomaten im Ofen garen, köcheln die Linguine auf dem Herd und innerhalb von 45 Minuten hat man ein Feel-Good-Rezept gezaubert. Der echte Held ist dann der Pinienkern-Parmesan, der auf keinen Fall fehlen sollte.

Für 2–3 Personen

500 g Kirschtomaten
4 Knoblauchzehen
2 Frühlingszwiebeln
½ Bio-Zitrone
4 EL natives Olivenöl
4 Zweige frischer Thymian (oder 1 TL getrockneter Thymian)
1 TL Fenchelsamen
Meer- oder Steinsalz und Pfeffer
2 EL Balsamico-Essig
300 g (glutenfreie) Vollkorn-Linguine oder Spaghetti
30 g Pinienkerne
1 EL (glutenfreie) Hefeflocken
frischer Basilikum

- Den Backofen auf 160 °C Umluft (180 °C Ober- und Unterhitze) vorheizen.
- Die Kirschtomaten halbieren. Den Knoblauch abziehen und in Scheiben schneiden. Die Frühlingszwiebeln in Ringe schneiden. 1 Tl Zitronenschale abreiben und die Zitrone in Scheiben schneiden. 2 EL Olivenöl auf ein Backblech träufeln und Knoblauch, Frühlingszwiebeln und Tomaten (mit der offenen Seite nach unten) darin verteilen. Die frischen oder getrockneten Thymianblätter und die Fenchelsamen drüberstreuen, die Zitronenscheiben, den Zitronenabrieb sowie etwas Salz und Pfeffer dazugeben und das restliche Olivenöl und den Balsamico über die Zutaten träufeln. Das Blech für 35 Minuten in den Ofen geben.
- In der Zwischenzeit die Nudeln in 2 l Salzwasser nach Packungsanleitung al dente kochen. Die Pinienkerne in einer Pfanne ohne Öl langsam und vorsichtig rösten. Die Kerne kurz abkühlen lassen und mit den Hefeflocken und einer guten Prise Salz in einem Mörser zu Pinienkern-Parmesan grob zerstampfen.
- Den Tomaten-Sugo vom Blech mit Meersalz und Pfeffer abschmecken, die Zitronenscheiben evtl. vor dem Essen entfernen. Die abgetropften Linguine auf dem Blech mit dem Sugo vermengen, den Pinienkern-Parmesan darübergeben und mit frischem Basilikum servieren. Schmeckt auch kalt super als Mittagessen für unterwegs.

Himmlisch für Körper und Seele, weil …

… Tomaten ein wahres Skinfood sind. Das in Tomaten enthaltene Carotinoid Lycopin hat in mehreren Studien das Hautkrebsrisiko senken können. Laut einer Studie der Ohio State University vom Juli 2017 scheint Lycopin das beste Antioxidans unter den Pflanzenfarbstoffen Carotinoide zu sein. Eine Ernährung reich an Lycopin kann vor Hautschäden durch UV-Strahlen schützen und somit auch den Alterungsprozess verlangsamen.

45 MIN.

AYURVEDISCHES KÜRBIS-LINSEN-BLECH

Die Gewürze, die in diesem Rezept verwendet werden, sollen laut ayurvedischer Ernährungslehre das unruhige Vata in uns ausgleichen. Auf Seite 55 habe ich bereits die drei Doshas im Ayurveda erklärt. Ich bin ein Vata-Pitta-Typ, weshalb ich gerne wärmende Gewürze zu mir nehme, die mein dynamisches Vata ausgleichen.

Für 4 Personen

Für das Blechgemüse

2 rote Zwiebeln
1 Hokkaido-Kürbis
2 kleine Rote Beten
100 g Blattspinat
1 EL flüssiges natives Kokosöl
1 EL ayurvedische Gewürzmischung (1 TL gemahlener Kreuzkümmel, 1 TL gemahlener Ingwer, ½ TL Zimt, ¼ TL Nelken, 1 Prise Muskatnuss, 1 TL Fenchelsamen)
1 Dose (400 g) Linsen

Für das Orangen-Dressing

2 EL natives Olivenöl
1 EL Apfelessig
1 Bio-Orange
½ TL rohes Kakaopulver
je 1 Prise Meer- oder Steinsalz und Pfeffer

Für den Mandelricotta

100 g blanchierte Mandeln
90 ml Wasser
1 EL Zitronensaft
1 EL (glutenfreie) Hefeflocken
½ TL Meer- oder Steinsalz

- Den Backofen auf 180 °C Umluft (200 °C Ober- und Unterhitze) vorheizen.
- Die Zwiebeln schälen und vierteln. Den Kürbis halbieren, entkernen und ebenfalls in Stücke schneiden. Die Roten Beten schälen, halbieren und in Scheiben schneiden. Den Spinat waschen und trockenschleudern.
- Zwiebeln, Kürbis und Rote Bete auf einem Blech verteilen, mit 1 EL flüssigem Kokosöl und der Gewürzmischung vermengen und 25–30 Minuten rösten.
- Für den Mandelricotta die Mandeln ca. 5 Minuten in Wasser kochen. Alle Zutaten in einem starken Mixer oder Food Processor vermengen. Er sollte eine cremige Konsistenz annehmen. Etwas mehr Wasser hinzugeben, falls die Masse an den Seiten kleben bleiben sollte.
- Für das Dressing Olivenöl, Apfelessig, 1 EL Orangensaft, Kakaopulver, Salz und Pfeffer miteinander vermengen.
- Nach etwa 25 Minuten Backzeit die Linsen auf das Blech geben und ca. 5 Minuten im Ofen anwärmen.
- Das Blech aus dem Ofen nehmen und kleine Mandelricotta-Kleckse, Spinat und etwas Orangenabrieb darüber verteilen. Mit dem Dressing direkt vom Blech servieren.

Varianten: Der Mandelricotta kann natürlich weggelassen werden, wenn keine starke Küchenmaschine vorhanden ist. In Bioläden findet man bereits guten Cashew- oder Mandelkäse, allerdings ist dieser deutlich teurer als selbst gemachter Mandelricotta.

40 MIN.

THAI-CURRY-NUDELN

Dieses Gericht hat unserem geliebten Pad Thai im Laufe des letzten Jahres den Rang abgelaufen. Es ist unser absolutes Lieblingsessen, das es mindestens einmal die Woche gibt. Um Zeit zu sparen, bereite ich die Sauce immer in doppelter Menge vor und friere die Hälfte ein. Wenn's also mal schnell gehen soll, habe ich immer ein Ass im Ärmel. Ich liebe die cremige und leicht scharfe Sauce und könnte mich in dieses Gericht reinsetzen. Mittlerweile können wir das Gericht in weniger als 30 Minuten zubereiten, weil wir es so verinnerlicht haben. Vielleicht wird es ja auch zu eurem neuen Lieblingsgericht?

Für 4 Personen

150 g Reisnudeln
1 Zucchini
1 Karotte
1 Paprika
200 g Champignons oder 150 g Shiitake
1 Pak Choi (optional)
1 TL Tamari
1 EL Sesamöl
Limettensaft zum Abschmecken
frischer Koriander zum Servieren
heller oder schwarzer Sesam zum Servieren

Für die Sauce

1 kleines Stück Ingwer
1 Knoblauchzehe
1–2 TL Thai-Currypaste (Seite 41)
6 EL Kokosmilch
3 EL Tamari
Saft von ½ Limette
2 gehäufte EL Erdnussmus
1 EL heller Essig, z. B. Apfel- oder Reisessig
1 TL Kokosblütenzucker oder Ahornsirup (optional)

- Die Nudeln in eine hitzebeständige Schüssel geben und mit kochendem Wasser übergießen. Nach ca. 3 Minuten die Nudeln etwas auseinander schieben, ggf. einmal durchschneiden, damit sie nicht verklumpen, und nach ein paar Minuten abgießen.
- Für die Sauce den Ingwer schälen und reiben, den Knoblauch schälen, durch eine Presse geben und mit den anderen Zutaten in eine Schüssel geben. Alles gut mit einem Schneebesen verrühren. Alternativ alle Zutaten im Mixer vermengen.
- Die Zucchini und die Karotte mit einem Spiralschneider oder Sparschäler zu dünnen Nudeln verarbeiten. Die Paprika, die Pilze und den Pak Choi in Streifen schneiden.
- Die Pilze ohne Öl anbraten, bis etwas Flüssigkeit austritt. Mit der Tamari ablöschen, kurz darin anbraten. Das restliche Gemüse sowie 1 EL Sesamöl dazugeben und 3 Minuten anbraten.
- Die Nudeln und die Sauce zu dem Gemüse geben und alles gut miteinander vermengen. Alles mit Limettensaft und Tamari abschmecken und mit Koriander und Sesam servieren.

Himmlisch für Körper und Seele, weil …

… diese Nudeln fünf verschiedene Gemüsesorten enthalten. Die Nudeln schmecken eigentlich mit jedem Gemüse und sind somit ein prima Rezept, um mehr Gemüse in die alltägliche Ernährung zu integrieren.

40 MIN.

TERIYAKI-NUDELN

Tofu hat seinen schlechten Ruf wahrscheinlich, weil er ziemlich fad schmecken kann und natürlich, weil Soja umstritten ist. Doch richtig zubereitet, ist Tofu nicht nur wirklich schmackhaft, sondern auch eine sehr gute pflanzliche Proteinquelle. Ich kaufe Tofu deshalb in Bio-Qualität aus Sojabohnen aus Mitteleuropa.
Diese Teriyaki-Nudeln verdanken ihr besonderes Aroma in Sesamöl geröstetem Ingwer und Knoblauch. Unbedingt in geröstetes Sesamöl investieren – das intensiviert den Geschmack um ein Vielfaches!

Für 4 Personen

Für die Nudeln

300 g Pak Choi
2 Knoblauchzehen
1 rote Zwiebel
ca. 2 cm Ingwer
2 Frühlingszwiebeln
100 g Tofu
200 g Mie- oder Reisnudeln
3 EL geröstetes Sesamöl
¼ TL Chiliflocken
1 EL Sesam
Limettensaft zum Abschmecken

Für die Sauce

4 EL Tamari
2 EL Wasser
2 EL Reis- oder Weißweinessig
1 EL Ahornsirup oder Honig

- Den Pak Choi in mundgerechte Stücke schneiden. Die Knoblauchzehen und die Zwiebel schälen und fein hacken und den Ingwer schälen und reiben oder ebenfalls hacken. Die Frühlingszwiebeln in Ringe schneiden. Den Tofu mit den Händen zerbröseln, sodass er in etwa die Konsistenz von Hackfleisch annimmt.
- Alle Zutaten für die Sauce vermengen.
- Die Mie-Nudeln oder Reisnudeln mit heißem Wasser übergießen und ca. 5–7 Minuten quellen lassen. Zwischendurch immer mal wieder umrühren und Nudeln, die zusammenkleben, zerschneiden.
- Das Sesamöl in einem Wok oder einer großen Pfanne langsam erhitzen. Ingwer, Knoblauch, Chiliflocken und Sesam darin auf niedriger Stufe leicht anbraten. Das Öl umfüllen und zur Seite stellen.
- In der geölten Pfanne die Zwiebeln glasig anbraten. Den Tofu dazugeben und mit anbraten, bis er eine goldbraune Farbe angenommen hat. Den Pak Choi dazugeben und ca. 2 Minuten mit anbraten, bis er einfällt. Alles mit der Sauce ablöschen und die Nudeln und das Öl dazugeben und in der Pfanne schwenken, bis alles gut vermengt ist.
- Nach Geschmack etwas Limettensaft darüberträufeln und mit den Frühlingszwiebeln und Sesam garnieren.

Himmlisch für Körper und Seele, weil …

… diese Nudeln wirklich besser schmecken als vom Lieferservice. In Restaurants enthalten Saucen oft größere Mengen an Industriezucker, den man durch Selbermachen ebenfalls umgehen kann. Wer auf Soja verzichten möchte, kann den Tofu in diesem Gericht auch einfach weglassen. Ebenfalls können nach Geschmack noch Gemüse wie Paprika oder Champignons dazugegeben werden.

45 MIN.

MASSAMAN-CURRY

Dieses Gericht entstand, als mein Mann und ich eine Streetfood-Serie auf Netflix geschaut haben. Nach der ersten Folge hatte ich solch ein Verlangen nach einem Curry, dass wir kurz davor waren, beim Thailänder zu bestellen. Zum Glück fiel mir ein, dass ich gerade Massaman-Currypaste gekauft hatte, die ich unbedingt ausprobieren wollte. Im Nu zauberten wir dieses Curry und schauten danach die Serie weiter. Massaman-Currypaste ist milder als andere Currys und somit gerade bei uns im Westen sehr beliebt. Traditionell wird es mit Erdnüssen gemacht, ich verwende aber auch gerne Cashewkerne.

Für 4 Personen

1 mittelgroße Süßkartoffel
1 rote Paprika
2 rote Zwiebeln
1 Dose (400 ml) Kokosmilch
2 EL Massaman-Currypaste (Seite 41) (alternativ 2 TL rote Currypaste)
½ TL Zimt
¼ TL Kardamom
ca. 300 ml Wasser
2 Lorbeerblätter
2 EL Tamari
1 EL Tamarindenpaste (optional)
30 g Cashewkerne oder Erdnüsse
Saft von 1 Limette
gekochter Vollkorn-Basmatireis oder Reisnudeln
Thai-Basilikum oder Koriander zum Servieren

- Die Süßkartoffel schälen und würfeln. Die Paprika entkernen und in mundgerechte Stücke schneiden. Die Zwiebeln schälen und vierteln.
- Ca. 2 EL der Kokosmilch in einer Pfanne erhitzen. Die Currypaste, den Zimt und den Kardamom darin ca. 1 Minute scharf anbraten. Nun die Süßkartoffel und die Paprika dazugeben und alles mit dem Rest der Kokosmilch ablöschen. Das Wasser, die Lorbeerblätter, die Tamari und die Tamarindenpaste (optional), die Cashewkerne oder Erdnüsse und die geviertelten Zwiebeln dazugeben und alles einmal aufkochen. Die Hitze reduzieren und ca. 30 Minuten köcheln lassen.
- Das Curry mit Limettensaft und ggf. mehr Tamari abschmecken. Mit Reis oder Reisnudeln servieren und mit Thai-Basilikum oder Koriander garnieren.

Himmlisch für Körper und Seele, weil …

… Süßkartoffeln viele positive Wirkungen auf unsere Gesundheit haben. Sie enthalten eine Menge Antioxidantien, regulieren den Blutzuckerspiegel, liefern Ballaststoffe, unterstützen die Immunabwehr, schützen unser Herz, lindern Stresssymptome und schützen unser Augenlicht. Eine einzige Süßkartoffel deckt bereits mehr als den gesamten Tagesbedarf an Betacarotin, das im Körper in Vitamin A umgewandelt wird. Süßkartoffeln sind folglich eine echte Bereicherung für jeden, der sich gesünder ernähren möchte.

30 MIN.

THAI-ERDNUSS-NUDELSUPPE

Von den über 100 Rezepten in diesem Buch sind nur eine Handvoll bereits auf meinem Blog veröffentlicht. Dieses Rezept ist eines davon. Die Suppe ist so beliebt wie fast kein anderes Rezept und musste deshalb unbedingt in dieses Buch. Sie ist superschnell gemacht, unheimlich würzig und schmeckt mir besser als jede Suppe im Thai-Restaurant.

Für 3–4 Personen

40 g getrocknete Shiitake-Pilze, 150 g frische Shiitake-Pilze oder 200 g Champignons
1 Knoblauchzehe
2 cm Ingwer
1 rote Paprika
1 Zucchini
½ Brokkoli
3 Quadrate Mie-Nudeln oder (Vollkorn-)Reisnudeln (200 g)
1 EL natives Kokosöl
2 EL rote Thai-Curry-Paste
1 l Wasser
2 EL Gemüsebrühepaste (Seite 40)
1 Dose (400 ml) Kokosmilch
4 EL Tamari
60 g Erdnussmus (optional)
Saft von 1 Limette
1 TL Honig (alternativ Ahornsirup oder Reissirup)
frischer Thai-Basilikum zum Servieren, alternativ Koriander

- Getrocknete Pilze mindestens 1 Stunde in Wasser einweichen. Frische Pilze einfach in Scheiben schneiden.
- Die Knoblauchzehe und den Ingwer schälen und fein hacken. Die Paprika entkernen und in Streifen schneiden. Die Zucchini mit einem Spiralschneider zu Nudeln schneiden. Alternativ in dünne Scheiben schneiden. Den Brokkoli in mundgerechte Stücke schneiden.
- Die Mie-Nudeln oder Reisnudeln in eine große Rührschüssel geben und mit kochendem Wasser übergießen. Ca. 5–8 Minuten ziehen lassen, das Wasser abgießen und die Nudeln zur Seite stellen.
- Das Kokosöl in einem Kochtopf erhitzen. Den Knoblauch, den Ingwer und die rote Thai-Curry-Paste darin scharf anbraten. Mit dem Wasser und der Gemüsebrühepaste (oder 1 l Gemüsebrühe) sowie der Kokosmilch ablöschen. Aufkochen, die Hitze reduzieren und Tamari und Erdnussmus dazugeben. Die Suppe ca. 10 Minuten köcheln lassen, dann das geschnittene Gemüse und die Pilze dazugeben und weitere 5–7 Minuten mitkochen. Die Nudeln dazugeben und kurz mit anwärmen.
- Die Suppe mit dem Limettensaft, dem Honig und evtl. mehr Tamari abschmecken und mit frischen Kräutern servieren.

Himmlisch für Körper und Seele, weil …

… getrocknete Shiitake-Pilze eine wunderbare Quelle für Antioxidantien sind. Laut einiger Studien sind getrocknete Pilze ernährungsphysiologisch sogar noch besser als frische Pilze, da der Antioxidantien-Gehalt durch den Trocknungsprozess gesteigert wird.

30 MIN.
+ QUELLZEIT

GEFÜLLTE KICHERERBSEN-WRAPS

Diese Wraps benötigen im Grunde nur eine Zutat: Kichererbsenmehl. Die restlichen Zutaten hat jeder auf Vorrat. Ich fülle meine Wraps gerne mit Hummus und Harissa-Kichererbsen, Gurke und Rucola oder mit Rote Bete und Apfel. Natürlich gibt es noch unzählige weitere Ideen, mit denen man die Wraps füllen kann. Nutzt einfach das, was der Kühlschrank hergibt.

Für 2 Personen (4 Wraps)

100 g Kichererbsenmehl
200 ml Wasser
1 EL natives Olivenöl + etwas zum Braten
1 gute Prise Meer- oder Steinsalz und Pfeffer

Für die Harissa-Kichererbsen

1 rote Zwiebel
1 EL natives Olivenöl
1 TL Kreuzkümmel
1 TL Koriander
1 Prise Zimt
1 Glas oder Dose (400 g) Kichererbsen
1 EL Harissapaste
1 Dose gehackte Tomaten (400 g)
Saft von ½ Zitrone
½ TL Meer- oder Steinsalz und etwas Pfeffer

Für die Füllung

Hummus (Seite 38)
Sonnenblumenkerne
Gurkenscheiben und Rucola (alternativ eingelegte Rote Bete und Apfelscheiben)

- Alle Zutaten für die Wraps klümpchenfrei mit einem Schneebesen verrühren und ca. 30 Minuten zum Setzen zur Seite stellen. Dieser Schritt ist für den Geschmack nicht notwendig, festigt aber die Konsistenz.
- Für die Harissa-Kichererbsen die Zwiebel schälen und fein hacken. Das Öl in der Pfanne erhitzen und die Zwiebel darin ca. 2 Minuten anschwitzen. Die Gewürze dazugeben und kurz mit anrösten. Die Kichererbsen abgießen und mit der Harissapaste in die Pfanne geben. Kurz verrühren und dann mit den Tomaten ablöschen. Alles einmal aufkochen und bei mittlerer Hitze ca. 20 Minuten köcheln lassen. Mit Zitronensaft, Salz und Pfeffer abschmecken.
- Für die Wraps etwas Öl in der Pfanne erhitzen. Ca. ein Viertel des Teigs hineingeben und die Pfanne schwenken, sodass sich der Teig zu einem Wrap verteilt. Auf mittlerer bis hoher Hitze von beiden Seiten ca. 2 Minuten anbraten. Mit dem restlichen Teig wiederholen.
- Die Wraps mit Hummus, Harissa-Kichererbsen, Sonnenblumenkernen, Gurkenscheiben und Rucola oder mit Rote Bete und Apfelscheiben füllen.

Himmlisch für Körper und Seele, weil …

… Kichererbsen eines der gesündesten Lebensmittel der Welt sind. Das wusste sogar bereits die berühmte Nonne und Gelehrte Hildegard von Bingen. „Wer aber Fieber hat, der brate Kichererbsen über frischen Kohlen und esse sie und er wird geheilt werden." So steht es in ihren Schriften. Heute belegen eine Vielzahl von wissenschaftlichen Studien die diversen gesundheitlichen Nutzen der „lustigen Erbse". Eine Portion Kichererbsen (165 g) deckt bereits 70 Prozent des täglichen Folsäurebedarfs, 25 Prozent des Eisenbedarfs, 20 Prozent des Zinkbedarfs und ganze 50 Prozent des Ballaststoffbedarfs. Wer Kichererbsen gut verträgt, kann also gerne täglich zu ihnen greifen.

40 MIN.

SPITZKOHL-PASTA MIT WALNUSS-CRUNCH

Spitzkohl ist eine dieser Gemüsesorten, die man in der Gemüsekiste findet und nicht weiß, was man damit machen soll. Er ist generell weicher als Weißkohl und deshalb ideal für cremige Saucen, wie in diesem Rezept, geeignet. Meine Mama hat uns Spitzkohl früher immer mit Pasta und einem leckeren, knusprigen Topping gekocht. Diese gesündere Version ihres Klassikers ist das perfekte Comfort Food für einen herbstlichen Abend. Anstelle von Spitzkohl können auch Wirsing, Grünkohl oder Weißkohl verwendet werden.

Für 4 Personen

1 rote Zwiebel
1 Knoblauchzehe
300 g Spitzkohl
60 g Walnüsse
1 EL (glutenfreie) Hefeflocken
Meer- oder Steinsalz und Pfeffer
250 g (glutenfreie) Vollkorn-Bandnudeln oder Pasta nach Wahl
1 EL natives Olivenöl + mehr zum Einfetten
1 TL Fenchelsamen
1 Prise Muskatnuss
350 ml Wasser
1 TL Gemüsebrühepaste (Seite 40)
3 gehäufte EL Mandelmus
Saft von 1 Bio-Zitrone + Abrieb von ½ Bio-Zitrone

- Die Zwiebel schälen und hacken. Die Knoblauchzehe schälen und auspressen. Den Spitzkohl in mundgerechte Stücke schneiden. Die Walnüsse fein hacken und mit den Hefeflocken und einer guten Prise Salz vermischen.
- Die Pasta in Salzwasser al dente kochen.
- Das Öl in der Pfanne erhitzen. Die Zwiebel darin ca. 2 Minuten anschwitzen. Knoblauch, Fenchelsamen und Muskatnuss dazugeben und ca. 1 Minuten mit anbraten. Den Spitzkohl hineingeben und ca. 5 Minuten auf mittlerer Hitze anbraten. Mit 350 ml Wasser und der Gemüsebrühepaste ablöschen und das Mandelmus, den Saft der Zitrone, den Zitronenabrieb, eine Prise Salz und Pfeffer unterrühren. Alles ca. 5–8 Minuten köcheln lassen, bis der Kohl eingefallen ist. In der Zwischenzeit den Backofen auf 160 °C Umluft (180 °C Ober- und Unterhitze) vorheizen.
- Eine Backform einfetten und die Nudeln hineingeben. Die Spitzkohlpfanne über den Nudeln verteilen und den Walnuss-Mix darüberstreuen. Den Auflauf ca. 20–25 Minuten backen, bis der Walnuss-Crunch knusprig braun ist.

Himmlisch für Körper und Seele, weil …

… Spitzkohl, wie alle Kohlsorten, ein vielseitiges und äußerst gesundes Gemüse ist. Von allen Kohlsorten enthält der Brokkoli zwar das meiste Vitamin C, jedoch findet man in Weiß- und Spitzkohl immer noch so viel Vitamin C wie in Zitronen. Ebenfalls enthält Spitzkohl Kalium, Magnesium und ein wenig Eisen. Günstig ist er auch, also Grund genug, um öfter mal zu Spitzkohl zu greifen.

ZERO WASTE

Jede dritte Scheibe Brot, jeder dritte Apfel und jede dritte Gurke landet in Deutschland im Müll. Zusammen ergibt das über 11 Millionen Tonnen Lebensmittel, die alleine in Deutschland jährlich weggeworfen werden. Das ist nicht nur ein ethisches, sondern auch ein ökologisches Problem. Dabei ist Lebensmittelverschwendung etwas, das jeder Einzelne von uns vermeiden kann. Dieses Kapitel liegt mir deshalb besonders am Herzen. Natürlich muss man ganz strikt zwischen welk und verdorben unterscheiden. Verschimmelte Lebensmittel gehören ganz eindeutig auf den Kompost und nicht in den Magen. Doch Karotten, die nur ein wenig den Kopf hängen lassen, oder Gurken, deren Schale schon etwas weicher ist, können noch problemlos verarbeitet werden. Die Rezepte in diesem Kapitel sind aus den Lebensmitteln entstanden, die in meinem Haushalt öfter mal im Müll landen: Brokkoli, Rucola, altes Brot oder Vollkornreis. Ich schäme mich, das hier so offen zu bekunden. Doch seit wir uns bewusst gemacht haben, wie viel wir tatsächlich wegwerfen, hat sich unser Verhalten sehr verändert. Ich friere nun alte Zucchini, halbe Brokkoli- oder Blumenkohlköpfe ein und verwende sie beispielsweise in meinem Tiefkühler-Pfannencurry (Seite 107) oder in den Smoothie-Mixes von Seite 171. Altes Brot wird zu Croûtons (Seite 119) oder zu Panzanella (Seite 150) und überreife Bananen landen im Bananenkuchen (Seite 157). So zieht sich das Thema Lebensmittelverschwendung vermeiden durch das gesamte Buch und nicht nur durch das folgende Kapitel.

40 MIN.

WELKES-GEMÜSE-ROSMARIN-SUPPE

Jeder hat seine eigene Art, welkes Gemüse aufzubrauchen. Dies ist eine meiner Lieblingsarten. Älteres Gemüse röste ich zusammen mit Rosmarin, weiteren Kräutern und Olivenöl einfach für eine halbe Stunde im Ofen. Danach wird es püriert – und fertig ist die Lebensmittelrettung.

Für 4 Personen

3 Schalotten
2 Knoblauchzehen
750 g welkes Gemüse (ich mag am liebsten Rote Bete, Tomaten, Karotten & Fenchel)
1 TL Honig
2 EL natives Olivenöl
1 TL Kräuter der Provence
Meer- und Steinsalz und Pfeffer
2 Stängel Rosmarin + mehr zur Deko
600 ml Wasser
2 EL Gemüsebrühepaste (Seite 40)
100 ml Kokosmilch + mehr zur Deko
1 EL frischer Zitronensaft

- Den Backofen auf 180 °C Umluft (200 °C Ober- und Unterhitze) vorheizen.
- Die Schalotten und den Knoblauch abziehen und die Schalotten halbieren. Das Gemüse ggf. schälen und grob in mundgerechte Stücke schneiden. Schalotten, Knoblauch und Gemüse auf ein Backblech oder in eine Auflaufform legen und mit etwas Honig und Olivenöl beträufeln. Kräuter der Provence, Salz und Pfeffer darüberstreuen und die Rosmarinstängel dazugeben. Alles ca. 30 Minuten rösten.
- Nach 30 Minuten alle Zutaten vom Blech in einen Kochtopf geben – inklusive des Suds, der sich gebildet hat. Das Wasser, die Gemüsebrühepaste und die Kokosmilch dazugeben und alles einmal aufkochen lassen. Die Suppe in einen hitzebeständigen Mixer umfüllen und fein pürieren, alternativ einen Pürierstab verwenden. Mit Zitronensaft, Salz, Pfeffer und gerne noch etwas Honig abschmecken. Je nach Geschmack die Suppe durch ein grobes Sieb geben, um die Kerne und die Tomatenhaut zu entfernen.
- Die Suppe auf vier Teller verteilen und mit jeweils 2 EL Kokosmilch und gehacktem Rosmarin garnieren.

Himmlisch für Körper und Seele, weil …

… Rosmarin dieser Suppe nicht nur den Geschmack verleiht, sondern auch prima für das Gedächtnis ist. Schon in der Antike trugen Schüler vor Prüfungen einen Kranz aus Rosmarin. Heute gibt es wissenschaftliche Studien, die belegen, dass die enthaltenen Wirkstoffe im Rosmarin das Gedächtnis vor Demenz und Alzheimer schützen können. Besonders der Wirkstoff Cineol verbessert nachweislich die Gehirnleistung. Ein weiterer Wirkstoff ist Carnolsäure, die Toxine und freie Radikale abwehrt und das Gehirn so vor Gedächtnisverlusten schützt. Ätherisches Rosmarinöl wird deshalb auch eingesetzt, um eine förderliche Lernatmosphäre zu schaffen.

25 MIN.

BASISCHE BROKKOLISTAMM- UND RUCOLA-SUPPE

Rucola gibt es im Supermarkt meistens nicht lose zu kaufen, sondern nur in einer 150-Gramm-Packung. Gerade in Singlehaushalten führt das leicht dazu, dass Rucola in der Tonne landet. Ein weiteres Lebensmittel, das immer wieder weggeworfen wird, ist der Brokkolistamm. Beide Lebensmittel finden in dieser Suppe ein zweites Zuhause und werden so vor der Tonne verschont.

Für 4 Personen

1 Knoblauchzehe
1 rote Zwiebel
1 Brokkoli mit Stamm
1 EL natives Olivenöl
500 ml Wasser + 1 EL Gemüsebrühepaste (oder 500 ml Gemüsebrühe)
1 gute Handvoll Rucola
1 TL Dijon-Senf (ohne Zuckerzusatz)
100 ml Kokosmilch + mehr zum Garnieren (oder Cashewsahne, siehe Seite 34)
1 TL Currypulver (optional)
Saft von ½ Zitrone
1 EL gehobelte Mandeln und Sprossen zum Garnieren (optional)
Meer- oder Steinsalz und Pfeffer

- Knoblauch und Zwiebel schälen und fein hacken. Sehr harte Teile des Brokkolistamms abschneiden und entsorgen und den Brokkoli inklusive Stamm in kleine Stücke schneiden.
- In einer Pfanne das Olivenöl erhitzen. Zwiebel und Knoblauch darin leicht anschwitzen. Den Brokkoli dazugeben und ca. 3–4 Minuten mit anschwitzen. Mit dem Wasser und der Gemüsebrühepaste (alternativ 500 ml Gemüsebrühe) ablöschen und ca. 5 Minuten köcheln, bis der Brokkoli gar ist.
- Den Inhalt zusammen mit Rucola, Senf, Kokosmilch, Currypulver und Zitronensaft in einen hitzebeständigen Mixer geben und fein pürieren, alternativ einen Pürierstab verwenden.
- Die gehobelten Mandeln in einer Pfanne ohne Öl goldbraun rösten. Die Suppe mit Salz und Pfeffer abschmecken und ggf. mit etwas Kokosmilch, Mandeln und Sprossen garnieren.

Himmlisch für Körper und Seele, weil …

… Brokkoli eine der gesündesten Gemüsesorten überhaupt ist. Brokkoli ist basisch, d.h. er hilft dem Körper Übersäuerung auszugleichen. Außerdem wird er häufig in der Krebstherapie und -prävention eingesetzt, da er im Körper die Bildung eines Stoffes fördert, der Krebs bekämpfen kann. Besonders gut ist übrigens die Kombination von Brokkoli mit Rucola und Senf. Beide Lebensmittel haben ebenfalls krebshemmende Wirkstoffe, wodurch die Wirkung des Brokkolis noch verstärkt wird.

15 MIN.

ASIATISCHER BRATREIS

Bratreis eignet sich prima zur Verwertung von übrig gebliebenem Reis. Ich weiß nicht, wie es euch geht, aber ich schätze die benötigte Menge an Reis bei Currys oder Eintöpfen immer wieder falsch ein. Es bleibt garantiert jedes Mal etwas übrig. Mit diesem Gericht bekommt der Reis ein zweites Leben und niemand merkt, dass er vom Vortag ist. Mein persönlicher Tipp: Kombiniert mit (selbst gemachtem) Kimchi ist dieses simple Gericht mit Abstand eines der Lieblingsrezepte meines Mannes in diesem Buch.

Für 2 Personen

1 Schalotte (oder rote Zwiebel)
1 Karotte
100 g weiteres Gemüse nach Wahl (z.B. Zucchini, Brokkoli, Zuckerschoten)
120 g TK-Erbsen
1 EL Sesamöl
2 EL Tamari (glutenfreie Sojasauce)
1 Prise Chiliflocken
250 g gekochter Vollkorn-Basmatireis
3 EL Kimchi (Seite 42, optional)
1 Limette
30 g Cashewkerne

- Die Schalotte schälen und würfeln, die Karotte würfeln und das restliche Gemüse in mundgerechte Stücke schneiden. Die Erbsen aus dem Tiefkühler entnehmen.
- Das Sesamöl in einer Pfanne erhitzen und die Schalotten darin andünsten. Das Gemüse dazugeben und ca. 3–4 Minuten anbraten. Tamari, Chiliflocken und Reis dazugeben und alles in der Pfanne vermengen. Optional das Kimchi unterrühren. Den Bratreis mit Limettensaft beträufeln und mit Cashewkernen garnieren.

Küchentipp: Reis hat in den letzten Jahren aufgrund von Arsenbelastung einen schlechten Ruf bekommen. Laut Studien sind weißer Jasmin- oder Basmatireis am ehesten zu empfehlen. Da weißer Reis allerdings viel weniger Vital- und Nährstoffe hat als Vollkornreis, kaufe ich am liebsten Vollkorn-Basmatireis in Bio-Qualität. Wichtig ist, dass man Reis sehr gut wäscht, bis nur noch klares Wasser durchläuft. Ebenfalls soll es helfen, wenn man Vollkornreis über Nacht einweicht und danach gut abspült. Wer ganz auf Reis verzichten möchte, kann ihn problemlos durch Hirse, Quinoa oder deutschen Dinkel (nicht glutenfrei) ersetzen. Dinkel kocht man ähnlich wie Reis, und seine Form erinnert auch ein wenig daran.

55 MIN.

EINFACHER NUDELAUFLAUF

Nudelaufläufe sind für mich der Innbegriff von Samstagabenden. Sie eignen sich nicht nur prima zur Resteverwertung, sondern schmecken meistens auch der ganzen Familie. Der Räuchertofu verleiht dem Auflauf nicht nur ein deftiges Aroma, sondern liefert auch wertvolle, pflanzliche Proteine.

Für 2 Personen

200 g (glutenfreie) Vollkornnudeln, z.B. Reisvollkornnudeln
100 g Blumenkohl (gerne auch TK)
1 Karotte
1 gelbe Paprika
½ Zucchini
200 g (glutenfreier) Räuchertofu
1 rote Zwiebel
1 Knoblauchzehe
50 g getrocknete, eingelegte Tomaten
30 g Cashewkerne
2 EL (glutenfreie) Hefeflocken
1 gute Prise Meer- oder Steinsalz
1 TL natives Olivenöl

Für die Sauce

300 ml Mandel- oder Sonnenblumenkernsahne (Seite 34)
1 TL getrockneter Oregano
1 TL getrockneter Thymian
1 EL natives Olivenöl
1 TL Paprikapulver
1 Prise Muskatnuss
1 EL (glutenfreie) Hefeflocken
½ TL Meer- oder Steinsalz und Pfeffer

- Die Nudeln in Salzwasser al dente kochen oder übriggebliebene Nudeln verwenden.
- Das Gemüse und den Räuchertofu in kleine Würfel schneiden. Zwiebel und Knoblauch schälen und fein hacken. Die getrockneten Tomaten klein schneiden.
- Die Cashewkerne sehr fein hacken und mit den Hefeflocken und dem Salz zu einer Art Parmesan vermengen. Den Backofen auf 160 °C Umluft (180 °C Ober- und Unterhitze) vorheizen und eine Auflaufform einfetten.
- Das Öl in der Pfanne erhitzen und die Zwiebel darin ca. 2 Minuten anschwitzen. Den Knoblauch dazugeben und ca. 1 Minute mit anschwitzen. Den Räuchertofu dazugeben und ca. 2 Minuten anbraten, dann die Gemüsewürfel und getrockneten Tomaten dazugeben und 2 Minuten anbraten. Gefrorenes Gemüse ggf. ein wenig länger anbraten.
- Die Nudeln und den Inhalt der Pfanne in die eingefettete Auflaufform geben. Alle Zutaten für die Sauce in einer Schüssel vermengen. Die Sauce und die Hälfte des Cashew-Parmesans über den Nudeln und dem Gemüse verteilen und den Auflauf 20 Minuten backen.
- Den Auflauf mit dem restlichen Cashew-Parmesan servieren.

Küchentipp: In diesem Rezept kann so gut wie jedes Gemüse verwertet werden. So kann man es auch prima saisonal abwandeln. Im Winter eignen sich auch Grünkohl oder Wirsing perfekt, um das Rezept besonders vitalstoffreich zu machen.

20 MIN.

BROTSALAT (PANZANELLA)

Altes Brot? Das sollte man bitte nicht an Enten verfüttern, sondern lieber für einen italienischen Brotsalat verwenden. Panzanella ist ein italienisches Resteessen und deshalb nicht nur gesund, sondern auch prima für den Kampf gegen Essensverschwendung geeignet. Brot wandert in deutschen Haushalten mit am häufigsten in die Tonne. Traditionell wird der Salat natürlich mit Weißbrot gemacht, doch mit altem Roggen- oder Dinkelsauerteigbrot oder glutenfreien Brötchen (Seite 68) schmeckt er mindestens genauso gut.

Für 4 Personen

Für den Salat

600 g Tomaten (gerne gemischt, z.B. Kirschtomaten oder Ochsenherzen)
½ rote Zwiebel
60 g Kalamata-Oliven
1 gelbe Paprika
100 g Rucola
1 Handvoll frischer Basilikum
200 g Sauerteigbrot vom Vortag oder glutenfreies Brot (z.B. die Brötchen von Seite 68)
1 EL natives Olivenöl
50 g Pinienkerne (optional)

Für das Dressing

1 Bio-Zitrone (Saft + Schale von ½ Zitrone)
1 Knoblauchzehe
3 EL natives Olivenöl
2 EL weißer Balsamico-Essig
1 TL Honig oder Ahornsirup
Meer- oder Steinsalz und Pfeffer

- Die Tomaten vierteln und die Zwiebel schälen. Die Zwiebel in dünne Streifen schneiden. Die Oliven entkernen und ggf. halbieren. Die Paprika entkernen und in dünne Streifen schneiden. Rucola und Basilikum waschen und trocken tupfen. Alles in eine große Salatschüssel geben.
- Ca. 1 TL Zitronenschale abreiben und die Hälfte der Zitrone auspressen.
- Für das Dressing die Knoblauchzehe schälen und auspressen, mit Zitronensaft, Zitronenabrieb, Olivenöl, Balsamico-Essig und Honig verrühren und mit Salz und Pfeffer abschmecken.
- Das Brot in Scheiben schneiden. Jede Brotscheibe mit etwas Olivenöl bepinseln und mit Salz und Pfeffer würzen. In der Pfanne auf jeder Seite ca. 2–3 Minuten anbraten, bis es goldbraun ist und anschließend würfeln. Besonders lecker wird es in einer Grillpfanne oder gleich auf dem Grill.
- In der Zwischenzeit die Pinienkerne in einer Pfanne ohne Fett auf mittlerer Hitze goldbraun rösten. Den Salat mit dem Dressing vermischen und sofort servieren.

Küchentipp: Als Sättigungsbeilage kann man noch 1 Glas (400 g) Riesenbohnen oder kleine weiße Bohnen dazugeben. Ebenfalls gebe ich gerne noch saftige, kurz gegrillte Pfirsiche dazu. Wer keine rohen Zwiebeln verträgt oder mag, kann diese mit kochendem Wasser übergießen und kurz darin einweichen. Das nimmt den Zwiebeln etwas von ihrer Schärfe.

15 MIN.

RADIESCHENBLÄTTERSALAT MIT MELONE

Dieser Salat ist vielleicht etwas unkonventionell, doch zeigt er, dass auch bei Radieschen das gesamte Bund gegessen werden kann und nicht nur die Knollen. Radieschenblätter haben ein angenehm frisches Aroma und lassen sich wie Blattsalat verwenden. Sie haben einen leicht-nussigen Geschmack wie Rucola und sind gleichzeitig erfrischend wie Sauerampfer. Ein kleiner Fun-Fact: Tatsächlich war eines der ersten Rezepte auf meinem Blog eine Radieschenblättersuppe.

Für 2 Personen

200 g Wassermelone
100 g Radieschen (8–10 Stück) mit Grün
1 Handvoll frische Minze
35 g Pinienkerne

Für das Dressing

2 EL natives Olivenöl
1 EL weißer Balsamico-Essig
1 TL Honig oder Reissirup
1 Spritzer Zitronensaft
Meer- oder Steinsalz und Pfeffer

- Die Wassermelone in mundgerechte Stücke schneiden und in eine Salatschüssel geben. Die Radieschen vom Grün trennen und in dünne Scheiben schneiden. Das Grün waschen und trocken tupfen. Große Blätter ggf. klein schneiden. Die Minze fein hacken. Alles in die Schüssel geben und gut vermengen.
- Nun die Pinienkerne in eine kleine Pfanne ohne Öl geben und auf mittlerer Hitze ein paar Minuten rösten. Sobald die Kerne eine goldbraune Farbe annehmen, die Pfanne vom Herd nehmen und die Pinienkerne über den Salat streuen.
- Für das Dressing alle Zutaten in einer kleinen Schüssel vermengen. Das Dressing über den Salat geben und direkt genießen.

Himmlisch für Körper und Seele, weil …

… Radieschenblätter reich an Vitaminen und Mineralstoffen sind. Zusammen mit den scharfen Knollen sind sie ein echtes Traumpaar. Die in Radieschen enthaltenen Senföle wirken antibiotisch und schützen den Körper vor Bakterien, Pilzen und Entzündungen. Besonders das Senföl Sulforaphan, das auch in Brokkoli oder Blumenkohl enthalten ist, soll laut einiger Studien in der Lage sein, Krebszellen abzutöten.

35 MIN.

GOLDENER HERBSTSALAT MIT ROTE-BETE-STÄNGELN

Die Blätter der Roten Bete gelten als Abfallprodukt. Dabei sind sie aus Ernährungssicht der eigentliche Star der Roten Bete. Kurz in der Pfanne geschwenkt und mit Tamari abgelöscht, sind die Blätter eine echte Bereicherung für diesen lauwarmen Herbstsalat. Geröstete Rote Bete schmeckt viel aromatischer als rohe und verleiht diesem Salat ein himmlisches Röstaroma.

Für 2 Personen

Für den Salat

3 Rote Beten + Stängel und Blätter
2 EL natives Olivenöl
1 EL Balsamico-Essig
1 TL Kreuzkümmel
Meer- oder Steinsalz und Pfeffer
100 g Quinoa
½ TL Apfelessig
250 g Champignons
1 EL Tamari

Für das Honig-Senf-Dressing

2 EL natives Olivenöl
1 EL Apfelessig
1 TL Dijon-Senf (ohne Zuckerzusatz)
1 TL Honig oder Ahornsirup
Meer- oder Steinsalz und Pfeffer

- Den Backofen auf 180 °C Umluft (200 °C Ober- und Unterhitze) vorheizen.
- Die Rote Bete schälen, in mundgerechte Stücke schneiden und mit 1 EL Olivenöl, Balsamico, Kreuzkümmel, Salz und Pfeffer würzen. Die Rote Bete auf ein mit Backpapier ausgelegtes Backblech geben und 20–25 Minuten rösten. Alle Zutaten für das Dressing miteinander vermengen.
- Die Quinoa mit 250 ml Wasser und dem Apfelessig aufkochen. Die Hitze reduzieren und ca. 12–14 Minuten köcheln lassen. Mit einer Gabel auflockern und zur Seite stellen.
- Die Champignons in Scheiben und die Rote-Bete-Stiele und -Blätter in mundgerechte Stücke schneiden. Etwas Öl in einer Pfanne erhitzen und die Champignons darin ca. 2–3 Minuten anbraten. Die Hitze reduzieren und die Rote-Bete-Blätter und -Stiele dazugeben. Ca. 1–2 Minuten mit anbraten und mit der Tamari ablöschen. Die Pfanne zur Seite stellen.
- Für den Salat die Quinoa mit der Roten Bete, den Champignons, den Rote-Bete-Blättern und -Stielen sowie dem Dressing vermengen. Warm oder lauwarm genießen.

Himmlisch für Körper und Seele, weil …

… Rote-Bete-Blätter den Vitalstoffgehalt der eigentlichen Beten um ein Vielfaches übertreffen. Die Blätter enthalten ca. siebenmal mehr Kalzium als die Knollen, dreimal mehr Magnesium, die sechsfache Menge an Vitamin C und die zweitausendfache Menge an Vitamin K. Kaum zu glauben, dass es sich so etabliert hat, die Blätter einfach wegzuwerfen.

Küchentipp: Viele Wochenmarktstände entfernen die Blätter für die Kunden direkt vor Ort. Wenn man lieb fragt, verschenken sie sie nur allzu gerne.

we
not
me

70 MIN.

SIMPLER BANANENKUCHEN

Braucht die Welt noch ein Bananenkuchen-Rezept? Ja, denn dieses hier ist nur das Grundrezept und kann nach Lust und Laune angepasst werden. Außerdem ist es ideal, um überreife Bananen zu verwerten, die man sonst vielleicht wegwerfen würde. Ich habe extra eine glutenfreie und eine Variante mit Dinkelvollkornmehl ausprobiert, damit alle auf ihre Kosten kommen.

Für eine Kastenform mit 26 cm Länge

80 ml mildes Olivenöl + mehr zum Einfetten
2 große, sehr reife Bananen (ca. 250 g ohne Schale)
50 g Kokosblütenzucker
100 ml (glutenfreie) Hafermilch
1 TL Apfelessig
60 ml Mineralwasser mit Kohlensäure
200 g Dinkelvollkornmehl (oder glutenfreie Mehlmischung von Seite 40)
50 g Mandelmehl (alternativ gemahlene Mandeln)
2 TL Weinstein-Backpulver
¼ TL Natron
¼ TL Meer- oder Steinsalz
1 TL Zimt
¼ TL Muskatnuss
1 Prise Vanillepulver
50 g gehackte Walnüsse + mehr zum Bestreuen
2–3 TL Kerne nach Wahl (z.B. Kürbiskerne oder Leinsamen)
2 EL (glutenfreie) Haferflocken

- Eine Kastenform mit etwas Olivenöl einölen oder mit Backpapier auslegen. Den Backofen auf 160 °C Umluft (180 °C Ober- und Unterhitze) vorheizen.
- Die Bananen mit der Gabel zu einem Brei zerdrücken. Den Kokosblütenzucker, die Hafermilch, den Apfelessig und das Olivenöl dazugeben und mit einem Schneebesen gut verrühren. Zum Schluss kurz, aber sorgfältig das Mineralwasser unterheben.
- In einer zweiten Schüssel alle trockenen Zutaten bis zur Vanille vermengen.
- Die nassen zu den trockenen Zutaten gießen und mit einem Holzlöffel kurz vermengen. Dann schnell die gehackten Nüsse und Kerne unterheben. Der Teig sollte nicht zu sehr gerührt werden, da er sonst einfallen kann. Den Teig in die eingefettete Kastenform geben und mit mehr gehackten Walnüssen und den Haferflocken bestreuen.
- Den Kuchen auf mittlerer Schiene ca. 50 Minuten backen. Den Stäbchentest machen und vor dem Anschneiden gut abkühlen lassen.

Himmlisch für Körper und Seele, weil …

… Bananenkuchen hauptsächlich natürlichen Zucker durch die Bananen enthält. Ich gebe lediglich 50 g Kokosblütenzucker für einen leicht karamelligen Geschmack dazu.

Küchentipp: Das Grundrezept kann nach Lust und Laune angepasst werden. Anstatt der Walnüsse kann man auch andere Nüsse, gehackte Zartbitterschokolade, geraspelte Karotten oder Zucchini, Blaubeeren oder Himbeeren unterheben.

MEAL PREP – REZEPTE ZUM VORKOCHEN, MITNEHMEN UND ZEITSPAREN

Die Rezepte im folgenden Kapitel sind etwas anders, als man es vielleicht gewohnt ist. Meal Prep oder zu Deutsch Vorkochen ist eine Art der Vorbereitung, die es mir ermöglicht, auch an stressigen Tagen gesund zu leben. Ich habe bereits auf den Seiten 24–28 ausführlich über diese Art des Kochens gesprochen und erklärt, was Meal Prep für mich bedeutet. Denn es gibt hier kein Richtig oder Falsch. Ich handhabe Meal Prep so, dass ich z.B. Zutaten für Smoothies einfriere, wie ich auf Seite 171 beschreibe. Für mein Mittagessen bereite ich gerne Schichtsalate (Seite 160–161) vor, die ich dann morgens nur noch in die Tasche stecken muss. Ebenfalls spielen Saucen in meiner Küche eine zentrale Rolle. Sie holen das Beste aus sonst fadem Gemüse heraus und geben Mahlzeiten Substanz und Geschmack.

Wenn ich mal unterwegs bin, bereite ich mir gerne ganze Mahlzeiten in Brotdosen vor. Das hat ein bisschen was von Schulhof, nur dass meine Brotdoseninhalte heute weitaus experimentierfreudiger sind als damals. Da dürfen es schon mal Kichererbsen-Wraps (Seite 163) oder Rote-Bete-Bratlinge (Seite 167) sein. In ganz stressigen Wochen gibt es bei uns abends gerne verschiedene Gemüsepfannen (Seite 175–177). Dafür koche ich am Sonntag bereits das Pseudogetreide vor und rühre ein paar Saucen zusammen. So muss ich nach Feierabend nur noch ein wenig frisches Gemüse schnibbeln und kurz in der Pfanne anbraten.

Die Rezepte auf den folgenden Seiten sind als Anregungen und Inspirationen gedacht. Sie sollen euch die Techniken näherbringen, mit denen ich gerne vorkoche, doch ist davon nichts in Stein gemeißelt. Es braucht definitiv etwas Zeit, bis jeder die Technik entwickelt hat, die in sein Leben passt. Stresst euch nicht und feiert die kleinen Erfolge!

JE 30 MIN.

VIER SCHICHTSALATE FÜR DIE WOCHE

Die Idee, Salate im Glas zu schichten und sogar das Dressing bereits unten hineinzugeben, ist einfach genial. Wahrscheinlich haben das viele Menschen schon ihr Leben lang gemacht, doch gerade erlebt diese Art des Vorkochens eine echte Renaissance. Man kann so gut wie alle Zutaten schichten, es empfiehlt sich aber, eine gewisse Reihenfolge einzuhalten. Ganz unten das Dressing, gefolgt von nicht aufsaugendem Gemüse wie Karotten oder Gurke. Als nächstes sättigendes (Pseudo-)Getreide und oben alles, was durch den Kontakt mit Dressings schnell durchweichen könnte. Dazu zählen Blattsalate, Zwiebeln, Nüsse oder Kräuter. Natürlich braucht man für die Salate keine teuren Mason Jars aus den USA zu kaufen. Ein einfaches Weckglas oder ein ausgewaschenes Joghurtglas tut es auch.

Für jeweils 1 Person

Indisch

1 Handvoll gemischte Salate
1 EL Cashewkerne, gehackt
1 Handvoll Koriander
4 EL Kichererbsen
80 g gekochte Quinoa
½ Paprika, gewürfelt
8 Kirschtomaten, geviertelt
3 EL Curry-Joghurt-Dressing

Schwedisch

1 EL gehackter Dill
2 EL Walnüsse, gehackt
3 EL Kichererbsen
1 rohe Rote Bete, geraspelt
80 g gekochte Hirse
½ Gurke, gewürfelt
3 EL Blaubeer-Dressing

Mediterran

1 Handvoll Rucola
½ rote Zwiebel, gewürfelt
4 eingelegte Tomatenstücke, gewürfelt
5 Oliven, halbiert
80 g gekochte Hirse
4 EL weiße Bohnen
8 Kirschtomaten, geviertelt
½ Gurke, gewürfelt
3 EL Oliven-Dijon-Dressing

Deutsch

1 Handvoll Petersilie
2 EL geröstete Haselnüsse
¼ Zucchini, spiralisiert
1 Handvoll Rucola
80 g gekochte Quinoa
4 EL gekochte weiße Bohnen
½ Gurke, gewürfelt
3 EL Olivenöl-Dijon-Dressing

- Die Salate wie oben angegeben von unten nach oben schichten (beginnend mit dem Dressing) und luftdicht verschließen. Im Kühlschrank halten sie sich ca. 4 Tage. Wer dem nicht traut, kann die Salate auch einfach am Abend vorher frisch zubereiten. Es spart aber Zeit, einmal Quinoa, Hirse oder Linsen vorzukochen und die Dressings schon am Sonntag vorzubereiten. In der Woche muss man dann nur noch die frischen Zutaten schichten.

Küchentipp: Die Mengenangaben der Dressings reichen für ca. 2 Schichtsalate.

laubeer-Dressing

0 g frische Blaubeeren
EL Apfelessig
EL natives Olivenöl
eer- oder Steinsalz und Pfeffer

le Zutaten mit einem Pürierstab ürieren. Das Dressing kann a. 1 Woche in einem luftdichten ehälter im Kühlschrank aufbewahrt erden.

Olivenöl-Dijon-Dressing

4 EL natives Olivenöl
2 EL Balsamico-Essig
1 TL Dijon-Senf (ohne Zuckerzusatz)
1 TL Honig, Ahornsirup oder Reissirup
Meer- oder Steinsalz und Pfeffer

Alle Zutaten in einem Glas vermengen. Das Dressing kann ca. 1 Woche in einem luftdichten Behälter im Kühlschrank aufbewahrt werden.

Curry-Joghurt-Dressing

100 ml (pflanzlicher) Joghurt
Schale von ½ Bio-Zitrone
Meer- oder Steinsalz und Pfeffer
1 TL Kurkuma oder Currypulver
1 TL Honig oder Ahornsirup

Alle Zutaten in einem Glas vermengen. Das Dressing kann ca. 4 Tage in einem luftdichten Behälter im Kühlschrank aufbewahrt werden.

40 MIN.

ORIENTALISCHE BROTDOSE

Diese Brotdose hat den Coolness-Faktor wie zu Grundschulzeiten eine Brotdose mit Brezel und Nutella. Wenn ich so richtig Lust auf eine ausgefallene Brotdose habe, dann gibt es diese orientalische Brotdose. Gefüllte Kichererbsen-Wraps mit Hummus, Rucola und Paprika, dazu ein schnell zubereitetes Taboulé und als Nachtisch oder Snack gefüllte Datteln mit Meersalz und Schokolade. Da muss man aufpassen, dass die Kollegen sie nicht mit ihren Augen aufessen.

Für mindestens 1 Brotdose, plus mehr fürs Abendessen

Für 4 grüne Wraps

100 g Kichererbsenmehl
200 ml Wasser
Saft von ½ Zitrone
1 Prise Meer- oder Steinsalz
1 EL natives Olivenöl + etwas zum Anbraten
30 g Spinat
3 EL Hummus (Seite 38)
½ Paprika, in Streifen
1 Handvoll Rucola

Für das Taboulé

½ Bund Petersilie
3 Stängel Minze
½ Gurke
5 Kirschtomaten
50 g gekochte Hirse
1 EL natives Olivenöl
½ TL roher Honig
½ TL gemahlener Kreuzkümmel
1 EL frisch gepresster Zitronensaft
Meer- oder Steinsalz und schwarzer Pfeffer nach Belieben

Außerdem

Pfannenbrot (Seite 99)

Für die gefüllten Datteln

3 Medjool-Datteln
3 TL Mandelmus
3 Mandeln
1 EL gehackte dunkle Zartbitterschokolade, mindestens 70 %
grobes Meersalz

- Für die grünen Wraps alle Zutaten bis auf Hummus, Paprika und Rucola in einen Mixer geben und fein pürieren. Am besten 30 Minuten quellen lassen. Etwas Öl in der Pfanne erhitzen und ca. ein Viertel des Teigs hineingeben und die Pfanne schwenken, sodass sich der Teig in der Pfanne verteilt. Auf relativ hoher Hitze von beiden Seiten ca. 2 Minuten anbraten. Mit dem restlichen Teig wiederholen. Die Wraps mit Hummus, Rucola und Paprika belegen, aufrollen und in mundgerechte Stücke schneiden.
- Für das Taboulé die Kräuter und das Gemüse klein schneiden. Alle Zutaten vermengen und mit Zitronensaft, Salz und Pfeffer abschmecken.
- Die Datteln entsteinen und mit dem Mandelmus, den Mandeln, der Schokolade und etwas Salz füllen.
- Alle Komponenten in eine auslaufsichere Brotdose oder in mehrere kleine Brotdosen füllen.

20 MIN.

MEDITERRANE BROTDOSE

Brotdosen für das Mittagessen müssen nicht immer ausgefallen und kompliziert sein. Ein leckerer Nudelsalat, ein paar Gemüsesticks und eine sättigende Proteinbeilage sind vollkommen ausreichend. Diese kleinen Erbsentaler kann man prima am Abend in weniger als 20 Minuten vorbereiten und schon hat man ein nährstoffreiches und sättigendes Mittagessen gezaubert. Am besten gleich die doppelte Menge zubereiten, um Zeit zu sparen.

Für 2 kleine oder 1 große Brotdose

Für 4–5 kleine Erbsentaler

100 g TK-Erbsen
1 Frühlingszwiebel
1 Knoblauchzehe
100 g Kichererbsen aus der Dose
2 EL zarte (glutenfreie) Haferflocken
2 EL helles Mandelmus
1 TL getrockneter Thymian
1 EL natives Kokosöl zum Braten

Für den Nudelsalat

200 g (glutenfreie) Vollkornpasta nach Wahl
80 g Rucola
10 Kirschtomaten
60 g getrocknete, eingelegte Tomaten in Öl
2 EL rotes Pesto (Seite 197)

Außerdem

Gurkensticks

- Die Erbsen ca. 2 Minuten in kochendem Wasser garen. Die Frühlingszwiebel in Ringe schneiden und die Knoblauchzehe auspressen. Die Erbsen zusammen mit allen Zutaten für die Taler in eine Schüssel geben und mit einem Pürierstab oder im Food Processor zu einer groben Masse pürieren. Aus der Masse ca. 4–5 kleine Taler formen.
- Das Kokosöl in einer Pfanne erhitzen und die Taler darin goldbraun anbraten.
- Für den Nudelsalat die Pasta al dente kochen, den Rucola waschen und trocknen. Die frischen und die eingelegten Tomaten klein schneiden. Die gekochte Pasta mit dem Pesto, den frischen und eingelegten Tomaten und dem Rucola vermengen.
- Die Taler mit Nudelsalat und Gurkensticks in eine auslaufsichere Brotdose geben und mittags genießen.

Himmlisch für Körper und Seele, weil …

… diese Brotdose vielleicht unscheinbar ist, aber alles enthält, was ein gutes Mittagessen ausmacht: pflanzliche Proteine durch die Erbsentaler, komplexe Kohlenhydrate und Gemüse durch den Pastasalat und knackiges Gemüse durch die Gurkensticks. Gesunde Ernährung bedeutet wirklich nicht, dass es kompliziert oder teuer sein muss.

45 MIN.

WINTERLICHE BROTDOSE

Bitte nicht weiterblättern! Keiner braucht Angst vor der Zubereitung von Roter Bete zu haben. Hier wird sie nur kurz geraspelt und mit Linsen und Erdnussmus in einen Knaller-Bratling verwandelt. Dazu ein aufregender Waldorfsalat, dessen Rezept ich von meiner Freundin Janine vom Ændrè in Hamburg habe. Zusammen ergibt diese Brotdose eine winterliche, nahrhafte und fast „rustikale" Brotdose.

Für 2 Brotdosen

Für 4 Rote-Bete-Bratlinge

80 g rohe Rote Bete
50 g Champignons
1 kleine Zwiebel
1 TL natives Kokosöl
½ TL Tamari
2 EL feine (glutenfreie) Haferflocken
80 g gekochte Linsen
1 EL Erdnussmus
Saft von ½ Zitrone
4 EL Sesam

Für den Waldorf-Salat

2 Äpfel
100 g Knollensellerie
60 g Walnüsse
½ Bund Petersilie
3 EL Sultaninen oder Rosinen
2 EL natives Olivenöl
1 EL Zitronensaft
1 TL Dijon-Senf (ohne Zuckerzusatz)
Meer- oder Steinsalz und Pfeffer

Außerdem

1 Last-Minute-Vollkornbrötchen (Seite 71)
Schokolade (Seite 236)
½ aufgeschnittener Apfel

- Für die Bratlinge die Rote Bete schälen und raspeln. Die Champignons würfeln. Die Zwiebel schälen und hacken. Etwas Kokosöl in einer Pfanne erhitzen und die Zwiebel darin anschwitzen. Die Champignons dazugeben und ca. 1–2 Minuten anbraten. Mit Tamari ablöschen und zur Seite stellen.
- Alle Zutaten für die Bratlinge außer Sesam mit einem Pürierstab oder in einem Food Processor kurz zerkleinern. Nicht zu sehr pürieren, es sollten noch Stücke zu sehen sein. Aus der Masse mit leicht feuchten Händen 4 Bratlinge formen und diese in Sesam wenden. Etwas Kokosöl in einer Pfanne erhitzen und jeden Bratling von jeder Seite 3–4 Minuten auf mittlerer Hitze braten.
- Für den Salat die Äpfel und den Sellerie würfeln oder reiben und die Walnüsse und Petersilie grob hacken. Alle Zutaten vermengen und mit Salz und Pfeffer abschmecken. Alternativ alle Zutaten für den Salat kurz im Food Processor oder Mixer pulsieren. So wird er noch etwas feiner.
- Den Salat, die Bratlinge und die anderen Beilagen in eine auslaufsichere Brotdose geben oder auf mehrere Brotdosen verteilen.

Himmlisch für Körper und Seele, weil …

… die wichtigste Zutat im Waldorf-Salat, der Knollensellerie, eine uralte Heilpflanze ist. In der TCM (traditionellen chinesischen Medizin) wird Selleriesaft bei Bluthochdruck und im Ayurveda bei Verdauungsstörungen eingesetzt. Diverse wissenschaftliche Studien haben bereits bestätigt, dass Sellerie eine sehr gute Antioxidantienquelle ist.

20–35 MIN.

KINDHEITSERINNERUNGEN-BROTDOSE

Ich glaube, man kann davon ausgehen, dass wir alle mit geschmierten Broten groß geworden sind. Natürlich hat sich der Wunschbelag mit der Zeit geändert (ich sage nur Butter mit Nussnugatcreme), doch haben belegte Brote immer noch etwas Heimeliges, Vertrautes für mich. Der Karotten-Bohnendip ist eine tolle Art und Weise, Proteine und Gemüse zu sich zu nehmen und die Energy Balls enthalten wichtige Omega-3-Fettsäuren.

Für 1 Brotdose, plus Dip fürs Abendessen

Für den Karotten-Bohnendip

2 Karotten
2 EL natives Olivenöl
1 Knoblauchzehe
1 Glas/Dose weiße Bohnen (400 g)
Saft von ½ Zitrone
Meer- oder Steinsalz und Pfeffer

Für die geschmierten Brote

2 Scheiben Dinkelsauerteigbrot oder glutenfreies Brot
2 EL Mandelmus (oder Erdnussmus)
½ Banane
3 Erdbeeren (oder Äpfel)

Für die Hanf-Limetten-Energy-Balls

100 g Mandeln
200 g Datteln
1 EL Mandelmus
2 EL Hanfsamen + mehr zum Wälzen
Schale von 1 kleinen Bio-Limette
1 Prise Meer- oder Steinsalz

Außerdem

z.B. selbst gemachtes Popcorn
frische Kirschen
Gemüsesticks, z.B. Karotten oder Kohlrabi

- Den Backofen auf 160 °C Umluft (180 °C Ober- und Unterhitze) vorheizen. Die Karotte in mundgerechte Stücke schneiden. Die Karottenstücke mit etwas Olivenöl beträufeln und mit dem Knoblauch (in der Schale) auf einem mit Backpapier ausgelegten Backblech ca. 25–30 Minuten rösten. Den Knoblauch anschließend schälen und alle Zutaten mit einem Pürierstab oder im Food Processor zu einem cremigen Dip pürieren. Den Dip mit Zitronensaft, Salz und Pfeffer abschmecken.
- Die Brote mit dem Nussmus und klein geschnittener Banane oder Erdbeeren belegen, halbieren und zuklappen.
- Für die Energy Balls die Mandeln fein hacken, alternativ im Food Processor oder per Hand grob hacken und umfüllen. Die Datteln entsteinen und im Food Processor kurz zu einer klebrigen Masse pürieren. Gehackte Mandeln, Mandelmus, Hanfsamen und Limettenschale dazugeben und zu einer groben Masse vermengen. Den Teig esslöffelweise herausnehmen und zwischen den Handflächen zu runden Bällchen formen. Die Bällchen ca. 1 Stunde zum Setzen in den Kühlschrank geben und anschließend in einen luftdichten Glascontainer umfüllen.
- Den Karotten-Bohnendip in ein Glas füllen, Gemüsesticks dazulegen und die Brotdose mit den Broten, Energy Balls, Kirschen und Popcorn bunt füllen. Natürlich können die Komponenten auch einzeln in kleinen Brotdosen transportiert werden.

stasher

5–10 MIN.

SMOOTHIE-MEAL-PREP

Ich liebe Smoothies und Säfte, doch da ich bereits einige in meinem ersten Buch geteilt habe, wollte ich ihnen in diesem Buch kein ganzes Kapitel mehr widmen. Doch diese Idee, musste ich unbedingt teilen: Ich habe total Spaß daran, Smoothie-Mixe vorzubereiten, um immer einen gesunden Smoothie zum Frühstück oder als Nachmittagsretter parat zu haben. Es ist auch prima, um Lebensmittelverschwendung zu reduzieren. Links auf dem Bild sieht man übrigens einen wiederverwertbaren Silikonbeutel, kein Einmalplastik. Die sind superpraktisch für kleine Gefrierfächer wie meines. Mein Liebling ist der Blaubeer-Overnight-Oats-Smoothie. Die eingeweichten Haferflocken machen ihn sehr bekömmlich und sättigend.

Blaubeer-Overnight-Oats

150 g Blaubeeren
1 EL Hanfsamen
1 EL Mandelmus
3 EL Overnight Oats (Seite 48)
+ 250 ml (glutenfreie) Hafermilch

Pfirsich & Omega-3

1 Pfirsich
1 reife Banane
1 EL Hanfsamen
2 EL Cashewkerne
+ 250 ml Pflanzenmilch nach Wahl

Skin Food

1 Handvoll Spinat
1 Apfel
½ Gurke
50 g Brokkoli
1 EL Mandelmus
1 EL geschroteter Leinsamen
1 kleine Kurkumawurzel
+ 250 ml Wasser

Erdbeer, Zucchini & Basilikum

150 g Erdbeeren
½ Zucchini
1 Handvoll Basilikum
1 EL Mandelmus
+ 250 ml Wasser

Schoko-Dattel

½ Banane
1 EL Rohkakao
1 Dattel
1 EL Mandelmus
+ 250 ml (glutenfreie) Hafermilch

- Alle Zutaten außer den Flüssigkeiten in einen gefrierfähigen Behälter geben und einfrieren, bis man Lust auf einen Smoothie hat. Wenn dies der Fall ist, den Mix aus dem Gefrierfach nehmen und ca. 5 Minuten antauen lassen. Mit der Flüssigkeit in einem Mixer zu einem feinen Smoothie pürieren und sofort genießen. Natürlich können die Smoothies auch alle frisch ohne vorheriges Einfrieren zubereitet werden.

Küchentipp: Ich gebe zu meinen Smoothies gerne noch 1 Tl Leinöl zur besseren Nährstoffaufnahme dazu.

5–35 MIN.

VIER MAGISCHE SAUCEN FÜR ALLES

Diese vier Saucen sind meine Rettung. Sie passen zu so gut wie allem: Gemüsepfannen, Salaten, Bowls, Burgern. Auf diese vier Saucen komme ich immer wieder zurück. Die Erdnuss-Sesamsauce ist immer noch mein Favorit. Die Tahin-Zitronen-Sauce ist prima sommerlich und die einfache Tomatensauce ein echter Geheimtipp.

Tahin-Zitrone-Sauce

1 kleine Knoblauchzehe
3 EL Tahin
2 EL Tamari
1 EL Ahornsirup
1 TL Apfelessig
Saft von ½ Zitrone

- Die Knoblauchzehe schälen, fein hacken und mit den restlichen Zutaten vermengen. Nach Bedarf mit etwas Wasser verdünnen.

Erdnuss-Sesam-Sauce

1 Knoblauchzehe
1 kleines Stück Ingwer
3 EL Erdnussmus
2 EL Tamari
1 EL geröstetes Sesamöl
1 TL Ahornsirup
Saft von ½ Limette

- Knoblauch und Ingwer schälen, fein hacken und mit den restlichen Zutaten vermengen. Mit etwas Wasser zur gewünschten Konsistenz verdünnen.

Kurkuma-Mandel-Sauce

1 kleines Stück Ingwer
1 TL Kurkuma
3 EL helles Mandelmus
3 EL Wasser
1 TL Honig
Saft von ½ Limette
Meer- oder Steinsalz und schwarzer Pfeffer

- Den Ingwer schälen, reiben und mit den anderen Zutaten vermengen.

Geröstete Tomatensauce

500 g Tomaten nach Wahl
1 Knoblauchzehe
2 EL natives Olivenöl
1 EL Balsamico-Essig
2 Zweige frischer Oregano
2 Zweige frischer Thymian
Meer- oder Steinsalz und Pfeffer

- Die Tomaten halbieren und zusammen mit der Knoblauchzehe (mit Schale) und allen Zutaten auf ein Blech geben. Die Tomaten im vorgeheizten Ofen bei 160 °C Umluft (180 °C Ober- und Unterhitze) ca. 35 Minuten backen. Die Knoblauchzehe schälen, mit allen Zutaten pürieren und mit Salz und Pfeffer abschmecken. Die Sauce hält sich einige Tage verschlossen im Kühlschrank und lässt sich prima einfrieren.

VIER GEMÜSEPFANNEN: EINMAL KOCHEN, VIERMAL ESSEN

Wenn ich eine stressige Woche vor mir habe, dann greife ich gerne auf diese vier Gemüsepfannen zurück. Sonntags bereite ich die Saucen und die Beilagen vor und muss das Gemüse dann nur noch frisch schnibbeln. So habe ich in weniger als zehn Minuten eine volle Mahlzeit auf dem Teller. Jede Pfanne besteht aus Gemüse, einer Sauce von Seite 172 und einer Beilage. Auch wenn es trivial erscheint, habe ich auf Seite 28 noch einmal eine kurze Anleitung für das Kochen der Beilagen angeführt. Mit Toppings wie Dukkah (Seite 38), frischen Kräutern oder Kokosjoghurt kann jedes Gericht noch verfeinert werden. Die Zubereitungszeit sieht vor, dass die Saucen und Beilagen bereits vorgekocht wurden.

<15

15 MIN.

MEDITERRANE GEMÜSEPFANNE

Diese Pfanne ist prima für sommerliches Gemüse wie Zucchini, Tomaten und Paprika. Die saftige Aubergine verleiht ihr einen leicht rauchigen Geschmack und der Balsamico-Essig sorgt für die nötige Säure in der Sauce.

Für 2 Personen
1 rote Zwiebel
½ Aubergine
½ Zucchini
1 Paprika
1 EL natives Olivenöl
300 g gekochte Hirse, Reis oder Quinoa
200 ml geröstete Tomatensauce (Rezept Seite 172)
Meer- oder Steinsalz und Pfeffer
Saft von ½ Zitrone
gehackte Petersilie (optional)

- Die Zwiebel schälen und fein hacken. Das Gemüse klein würfeln, damit die Garzeit kurz ist.
- Das Olivenöl in einer Pfanne erhitzen und die Zwiebel darin anschwitzen. Das Gemüse dazugeben und ca. 3–4 Minuten anbraten. Die gekochte Hirse sowie die Sauce dazugeben und ca. 2 Minuten mit erwärmen. Mit Salz, Pfeffer, Zitronensaft und gehackter Petersilie abschmecken.

Varianten: Die geröstete Tomatensauce benötigt etwas mehr Zeit in der Vorbereitung. Als schnelle Alternative 200 ml gekaufte Bio-Tomatensauce ohne Zuckerzusatz mit 1 EL Balsamico-Essig vermengen.

15 MIN.

ASIATISCHE GEMÜSEPFANNE

Natürlich ist dies meine Lieblingsgemüsepfanne. Die Erdnuss-Sauce ist und bleibt mein absoluter Favorit. Doch meine neueste Entdeckung ist, wie herrlich sie in Kombination mit Chinakohl schmeckt.

Für 2 Personen
200 g Champignons
200 g Chinakohl
100 g Brokkoli
1 EL Sesamöl
300 g gekochte Quinoa, Hirse oder Vollkornreis
1 Grundrezept Sesam-Erdnuss-sauce (Seite 172)

- Die Champignons und das Gemüse in mundgerechte Stücke schneiden. Das Öl in einer Pfanne erhitzen und das Gemüse darin anbraten, bis der Chinakohl eingefallen ist. Die Quinoa sowie die Sauce dazugeben und alles zusammen kurz erwärmen.

10 MIN

ARABISCHE GEMÜSEPFANNE

Wie bei allen anderen Gemüsepfannen muss sich hier keiner strikt an die Gemüsevorgaben halten. Einfach das nutzen, was im Kühlschrank ist und weg muss.

Für 2 Personen
1 Zwiebel
300 g Babyspinat
1 Brokkoli
1 EL Sesamöl (oder Olivenöl)
60 g TK-Erbsen
1 Grundrezept Tahin-Zitronen-Sauce (Seite 172)
260 g gekochte Linsen

- Die Zwiebel schälen und hacken. Den Spinat waschen und putzen, den Brokkoli mit Stiel in kleine Stücke schneiden. Das Öl in der Pfanne erhitzen und die Zwiebel darin ca. 2 Minuten anschwitzen. Den Brokkoli hineingeben und ca. 2 Minuten auf mittlerer Hitze anbraten. Den Spinat und die Erbsen dazugeben und unterrühren, bis der Spinat eingefallen ist. Die Linsen sowie die Sauce dazugeben und alles kurz zusammen erhitzen.

10 MIN.

KURKUMA-GEMÜSEPFANNE

Kurkuma lässt einfach jedes Gericht strahlen. Besonders gut passt Kurkuma zu Blumenkohl, denn der nimmt das Aroma der Kurkuma besonders gut auf. Zu dieser Pfanne passen sowohl Reis als auch Hirse supergut.

Für 2 Personen

1 Zwiebel
1 daumengroßes Stück Ingwer
200 g Blumenkohl
1 Zucchini
1 Karotte
1 EL natives Kokosöl
300 g gekochter Vollkornreis, Hirse oder Quinoa
1 Grundrezept Kurkuma-Mandel-Sauce (Seite 172)
Meer- oder Steinsalz und Pfeffer
Saft von ½ Zitrone
1 Handvoll Koriander

- Die Zwiebel schälen und fein hacken und den Ingwer schälen und reiben. Das Gemüse in kleine, mundgerechte Stücke schneiden.
- Das Kokosöl in einer Pfanne erhitzen und die Zwiebel darin ca. 2 Minuten anschwitzen. Das Gemüse dazugeben und ca. 3–4 Minuten anbraten. Den Vollkornreis sowie die Sauce dazugeben und ca. 2 Minuten mit erwärmen. Mit Salz, Pfeffer und Zitronensaft abschmecken und mit Koriander garnieren.

Varianten: Die vier Gemüsepfannen sind Basis-Rezepte, die ihr nach Lust und Laune aufpeppen könnt. Ein paar Ideen findet ihr in der letzten Spalte der Tabelle auf Seite 27. Durch die Quinoa, die Hirse oder den Vollkornreis enthalten alle Rezepte pflanzliche Proteine und Ballaststoffe, weshalb sie gut sättigen. Die Gemüsepfannen sind sehr simpel gehalten, aber ergeben dennoch eine ganze Mahlzeit. Wer mehr Zeit und Muße hat, kann sich dazu natürlich noch etwas Tofu oder Tempeh anbraten oder extra Ofengemüse rösten. Ein letzter Tipp: Nutzt vorher eingefrorene Zwiebeln, Knoblauch oder Ingwer. So spart ihr noch einmal ein paar Minuten Schnibbelei.

AM WOCHENENDE

Je mehr mich der Alltag zwingt, mal eben schnell etwas zu kochen, desto mehr genieße ich die Wochenenden, an denen ich mir etwas mehr Zeit für mein Hobby nehmen kann. Ich weiß, wir wollen alle schnelle und einfache Rezepte, doch ich genieße es richtig, in der Küche zu stehen und zu kochen. Es hat für mich etwas Meditatives und Beruhigendes. Manchmal mache ich mir dabei eine Lieblingsserie auf dem Laptop an, höre Podcasts oder schöne Musik. Am liebsten koche ich allerdings in guter Gesellschaft. In meinem Elternhaus gibt es eine offene Küche, und so war das gemeinsame Abendessen am Wochenende immer etwas Besonderes. Die einen haben geschnibbelt, die anderen gekocht und wer als Letztes kam, hat meistens den Tisch gedeckt. Heute sind es zwar nur mein Mann und ich, doch zelebrieren wir dieses gemeinsame Kochen am Wochenende sehr. Dabei lassen wir die Woche Revue passieren oder schmieden Pläne für die Zukunft. Die Rezepte in diesem Kapitel erfordern alle etwas mehr Zeit in der Küche. Da wäre beispielsweise die Quinoa-Gemüselasagne (Seite 185), die seit Langem fester Bestandteil unseres Lebens ist. Oder das Kürbis-Walnuss-Chili (Seite 206), das ich gerne koche, wenn wir Besuch von Freunden bekommen. Etwas mehr Vorbereitung braucht die Quinoa-Hirse-Pizza (Seite 194), da man die beiden Grundzutaten über Nacht einweichen muss. Doch dann ist die Zubereitung des Pizzabodens fast wie zaubern. Die beiden Burger-Rezepte (Seite 190 und 192) überzeugen sogar die größten Fleischesser – besonders mit selbst gemachten Dinkelvollkorn-Burgerbrötchen (Seite 189). Die Grillbrötchen von Seite 201 sind ein Muss bei unseren sommerlichen Grillabenden. Und bitte, bitte probiert das weltbeste Pistazien-Pesto mit zerquetschten Kartoffeln (Seite 197) aus. Das Pesto essen wir zu allem: auf Brot, in Bowls, zu Spargel und anderem Gemüse, zu Pasta und zu Kartoffeln. Sobald es aus ist, wird es direkt nachgemacht. Ein unscheinbares Rezept, das mein absolutes Highlight in diesem Buch ist.

45 MIN.

DIE BESTE FAMILIEN-BOLOGNESE

Diese Bolognese versucht nicht zu imitieren, sondern punktet durch ihre ganz eigenen Aromen. Durch die Farbe und den Geschmack der Roten Bete erhält die Bolognese noch einmal mehr Substanz. Auch habe ich mich dafür entschieden, einen Schuss Rotwein hineinzugeben, um geschmacklich noch mehr an traditionelle Bolognese heranzukommen. Das Ergebnis kann sich sehen lassen und ist bei wirklich allen Testessern supergut angekommen. Dies ist eines meiner absoluten Lieblingsgerichte in diesem Buch und ein Rezept, das wir immer und immer wieder genießen.

Für 4–6 Personen

150 g Belugalinsen
1 rote Zwiebel
3 Knoblauchzehen
100 g Rote Bete
1 Stange Sellerie
1 Karotte
250 g Champignons
3 TL Kräuter der Provence
2 TL Paprikapulver
1 Prise Zimt
100 g eingelegte, getrocknete Tomaten in Öl
80 g Walnüsse (optional)
1 EL natives Olivenöl
3 EL Tomatenmark
2 × 400 g Dosen gehackte Tomaten
400 ml Wasser
1 TL Apfelessig
2 EL Gemüsebrühepaste (Seite 40)
100 ml trockener Bio-Rotwein (optional)
Saft von 1 Zitrone
Meer- oder Steinsalz und schwarzer Pfeffer
750 g (glutenfreie) Vollkornspaghetti

- Die Linsen für bessere Bekömmlichkeit 1 Stunde in klarem Wasser einweichen und abspülen. Bei Zeitmangel kann dieser Schritt auch weggelassen werden.
- Die Zwiebel und die Knoblauchzehen schälen und fein hacken. Die Rote Bete schälen und würfeln oder fein reiben. Sellerie, Karotte und Champignons ebenfalls fein würfeln. Kräuter der Provence, Paprikapulver und Zimt in eine kleine Schüssel geben. Die getrockneten Tomaten in kleine Stücke schneiden. Die Walnüsse sehr fein hacken.
- Das Olivenöl in einem Kochtopf erhitzen. Die Zwiebeln darin ca. 2 Minuten anschwitzen, dann die Hitze reduzieren und den Knoblauch dazugeben und 1 Minute mit anschwitzen. Das Tomatenmark und die Gewürze hinzufügen und eine weitere Minute anbraten. Nun das gewürfelte Gemüse dazugeben und alles ca. 2–3 Minuten mitanbraten. Die Linsen, die gehackten Tomaten, die getrockneten Tomaten, das Wasser, den Apfelessig, die Gemüsebrühepaste und den Rotwein (optional) dazugeben und bei hoher Hitze kurz aufkochen. Die Hitze reduzieren und alles ca. 30–35 Minuten köcheln lassen. Regelmäßig umrühren.
- Während die Bolognese köchelt, die Spaghetti al dente kochen und den Cashew-Parmesan zubereiten. Dafür die Cashewkerne in einem Food Processor oder einem Mixer fein mahlen. Alternativ mit einem Messer ganz fein hacken. Mit den Hefeflocken und etwas Salz vermengen. Bis zum Servieren zur Seite stellen.
- Kurz vor Ende der Kochzeit die gehackten Walnüsse unterheben und etwa 5 Minuten mitköcheln.
- Die Bolognese mit Zitronensaft, Salz und Pfeffer abschmecken und mit den Spaghetti und dem Cashew-Parmesan servieren.

weiter auf der nächsten Seite

Für den Cashew-Parmesan
20 g Cashewkerne
2 EL (glutenfreie) Hefeflocken
etwas Meer- oder Steinsalz

Himmlisch für Körper und Seele, weil …

… diese Bolognese besonders den Fleischessern unter meinen Testern geschmeckt hat. Ich möchte wirklich alles andere als belehren, doch tut es nicht nur unserer Gesundheit gut, wenn wir mindestens einmal die Woche auf Fleisch verzichten. Diese herzhafte, satte Bolognese ist der beste Beweis dafür, dass pflanzliche Ernährung der tierischen vom Geschmack her in nichts nachsteht.

Küchentipp: Keine Chance, die Familie oder den Partner von Roter Bete zu überzeugen? Dann ersetzt die Rote Bete in diesem Gericht durch mehr Karotten oder anderes Gemüse. Auch ist es oft hilfreich, nicht sofort alles auf „gesund" umzustellen. Deshalb habe ich diese Bolognese auch auf heller Pasta, in diesem Fall aus Linsen, fotografiert. Der Wechsel von Weißmehl zu Vollkornnudeln stößt im Kreise der Liebsten oft auf Gegenwind. Ich empfehle deshalb helle Spaghetti aus Kichererbsen oder Linsen. Die sehen optisch so ähnlich aus wie Weizenspaghetti und unter der deftigen Sauce schmeckt kaum jemand den Unterschied.

Gelbe + Rote Bete
3,50 €
Bete

70 MIN.

QUINOA-GEMÜSELASAGNE

Früher war ich nie so der Lasagne-Mensch. Mir lag die Mischung aus Käse, Weizenpasta und Fleisch immer zu sehr im Magen. Doch dies änderte sich schlagartig, als ich anfing, Lasagne als Gemüsefest zu betrachten. Diese Lasagne macht fit und agil anstatt müde und schlapp. Sie steckt voller Vitalstoffe, Proteine und gesunder Fette. Somit ist sie der perfekte Begleiter für gemütliche Abende mit Freunden oder Familie und schmeckt einfach himmlisch.

Für 4–6 Personen

Für die Lasagne

80 g Quinoa
200 ml Wasser
1 Schuss Apfelessig
2 Knoblauchzehen
1 rote Zwiebel
250 g Baby-Spinat
1 Karotte (80 g)
1 Zucchini (180 g)
1,2 l passierte Tomaten
2 EL natives Olivenöl + mehr zum Einfetten
1 EL Balsamico-Essig
½ TL Meersalz
1 Prise Chiliflocken
Schale von ½ Bio-Zitrone
250 g Champignons
1 EL Tamari
4 EL Oliven
100 g getrocknete, eingelegte Tomaten
glutenfreie Linsen-Lasagneplatten
2 EL Pinienkerne

- Den Backofen auf 180 °C Umluft (200 °C Ober- und Unterhitze) vorheizen.
- Die Quinoa mit 200 ml Wasser und einem kleinen Schuss Apfelessig aufkochen. Die Hitze reduzieren und ca. 12–14 Minuten köcheln lassen. Mit der Gabel auflockern und zur Seite stellen. Die Knoblauchzehen und die Zwiebel schälen und fein hacken. Den Spinat waschen. Die Karotte und die Zucchini raspeln.
- Die passierten Tomaten mit 1 EL Olivenöl, dem Balsamico-Essig, dem Salz, den Chiliflocken, den Karotten- und Zucchiniraspeln, der Quinoa und der Zitronenschale in einer Schüssel vermengen.
- Für die Creme das Mus mit dem Wasser, dem Senf, den Hefeflocken (optional) und dem Zitronensaft vermengen. Falls es zu dickflüssig ist, nach und nach mit mehr Wasser verdünnen.
- Die Champignons in Scheiben schneiden. 1 EL Olivenöl in einer Pfanne erhitzen und die Zwiebel und den Knoblauch darin ca. 1 Minute glasig anbraten. Die Pilze dazugeben und kurz bei hoher Hitze mit anbraten. Die Hitze reduzieren und die Pilze mit 1 EL Tamari ablöschen. Den Spinat dazugeben und warten, bis dieser eingefallen ist. Die Spinat-Pilz-Pfanne vom Herd nehmen.
- Die Oliven entsteinen und in Ringe schneiden und die Tomaten würfeln.
- Eine Backform mit etwas Olivenöl einfetten. Den Boden mit der Tomatensauce bedecken. Die Lasagneplatten kurz in kaltes Wasser tauchen und darüber verteilen. Mit einer weiteren Schicht Tomatensauce bedecken und eine Schicht Pilze und Spinat drüber verteilen. 1 EL Oliven, ein paar getrocknete Tomaten und ein wenig Creme darüber verteilen.

weiter auf der nächsten Seite

Für die Sonnenblumenkernmus-Creme

6 EL Sonnenblumenkernmus (alternativ Mandelmus)
6 EL Wasser
1 TL Dijon-Senf (ohne Zuckerzusatz)
1 EL (glutenfreie) Hefeflocken
2 TL Zitronensaft

- Wieder eine Schicht Lasagneplatten, Tomatensauce, Pilze und Spinat, Oliven, getrocknete Tomaten und Creme hinzufügen. Zum Schluss alles mit Tomatensauce, etwas Spinat und Creme bedecken, ca. 35–40 Minuten backen und warm genießen.
- Die Pinienkerne in einer Pfanne ohne Öl goldbraun rösten und nach dem Backen über der Lasagne verteilen.

Himmlisch für Körper und Seele, weil …

… diese Lasagne komplett frei von Mehlprodukten ist, da die Lasagneplatten aus Linsen bestehen. Grüne Linsen enthalten eine Menge pflanzlicher Proteine und Ballaststoffe, weshalb wir länger satt bleiben und unser Blutzuckerspiegel nur langsam an- und absteigt. Wer keine Lasagneplatten aus Linsen zur Hand hat, nimmt einfach Vollkorndinkel- oder glutenfreie Lasagneplatten.

Küchentipp: Anstatt Quinoa können bei Zeitmangel auch vorgekochte Linsen oder Linsen aus der Dose oder dem Glas verwendet werden. Die Lasagne kann selbstverständlich an die Essgewohnheiten der Familie oder Freunde angepasst werden, z.B. mit Feta oder Ziegenkäse. Meiner Erfahrung nach ist dies aber gar nicht nötig.

1 STD.
45 MIN.

DINKELVOLLKORN-BURGERBRÖTCHEN

Diese Burgerbrötchen sind nicht glutenfrei, dafür aber himmlisch einfach. Ich habe die perfekten glutenfreien Burgerbrötchen leider noch nicht hinbekommen. Für alle, die Gluten tolerieren, sind diese Vollkornbrötchen eine tolle Alternative zu gekauften Burgerbrötchen. Die habe ich nämlich bisher noch nie in einer Dinkelvollkornvariante finden können. Eine glutenfreie Alternative ist meine Burger-Bowl auf S. 192, die mindestens genauso gut schmeckt wie ein Burger mit Brötchen.

Für 4 Brötchen

4 g Trockenhefe
150 ml lauwarmes Wasser
1 TL Kokosblütenzucker (oder Honig)
250 g Dinkelvollkornmehl
1 TL Apfelessig
1 TL Meer- oder Steinsalz
1 EL pflanzliche Milch, z.B. Hafermilch
Sesam oder Mohn zum Betreuen

- Die Hefe zusammen mit dem Wasser und dem Kokosblütenzucker oder Honig in einer Schale vermengen und ca. 10 Minuten stehen lassen. Es sollten sich kleine Bläschen bilden, dann ist die Hefe aktiv.
- Den Hefemix zum Dinkelmehl geben, den Apfelessig und das Salz unterrühren und alles mit dem Knethaken ca. 5 Minuten kneten.
- Den Teig in eine bemehlte Schüssel geben und ca. 1 Stunde ruhen lassen, bis er sein Volumen sichtbar vergrößert hat.
- Aus dem Teig vier Kugeln formen und auf ein mit Backpapier ausgelegtes Backblech legen. Weitere 20 Minuten ruhen lassen. In der Zwischenzeit den Backofen auf 180 °C Umluft (200 °C Ober- und Unterhitze) vorheizen und eine kleine hitzebeständige Schale mit Wasser auf die unterste Schiene auf ein Backofengitter stellen.
- Die Brötchen mit der pflanzlichen Milch bestreichen, mit Sesam oder Mohn bestreuen und ca. 15–17 Minuten backen.

Himmlisch für Körper und Seele, weil …

… diese Burgerbrötchen aus Dinkelvollkornmehl bestehen und somit mehr Nährstoffe und Ballaststoffe enthalten als Weizenbrötchen. Dinkel ist eine alte Getreidesorte, die im Gegensatz zu Weizen mit der Zeit nur wenig verändert wurde. Viele Menschen vertragen Dinkel wesentlich besser als Weizen. Dinkel mag nämlich keinen Kunstdünger, ist generell robuster als Weizen und benötigt deshalb keine künstlichen Pestizide. Er enthält ebenfalls weniger Gluten (weniger, aber er enthält Gluten!) und wird so von Allergikern besser vertragen. Ebenfalls ist Dinkel nährstoffreicher als Weizen. Auch weißes Dinkelmehl enthält immer noch mehr Nährstoffe als Weizenweißmehl. Die Nummer auf Dinkelmehlen sagt übrigens aus, wie viel Milligramm Nährstoffe pro 100 g Mehl enthalten sind. Je höher die Nummer, desto höher also der Nährstoffgehalt. Ich empfehle Dinkelvollkornmehl und die Mehltypen 1050 und 623.

30 MIN.

KICHERERBSEN-BURGER

Ich präsentiere: ein einfacher und oberleckerer Burger aus alltäglichen Zutaten. Am besten schmeckt er zwischen den Dinkelvollkorn-Burgerbrötchen auf S. 189 oder als schnelle Variante auf Salatherzen.

Für ca. 4–5 Burger-Pattys

1 EL geschrotete Leinsamen
2 EL Wasser
1 Zwiebel
1 Knoblauchzehe
50 g Champignons
1 Glas oder Dose Kichererbsen (400 g), davon 1 EL Kichererbsenwasser
3 EL natives Olivenöl
1 TL Oregano
½ TL Rosmarin
½ TL Thymian
½ TL edelsüßes Paprikapulver
1 TL Dijon-Senf (ohne Zuckerzusatz)
4 EL Kichererbsenmehl, gemahlene Mandeln oder feine Haferflocken
1 Romanasalat
1 große Fleischtomate
1 Handvoll Sprossen, z.B. Alfalfa (optional)

Für die Tahin-Mayonnaise

2 EL natives Olivenöl
2 EL Tahin
3 EL Wasser
1 TL Honig oder Ahornsirup
1 TL heller Essig
1 TL mittelscharfer Senf (ohne Zuckerzusatz)
1 TL frisch gepresster Zitronensaft
1 Prise Meer- oder Steinsalz

- Die Leinsamen mit 2 EL Wasser vermengen und zum Andicken zur Seite stellen. Die Zwiebel und den Knoblauch schälen und hacken. Die Champignons in Scheiben schneiden. Die Kichererbsen abgießen und etwas Kichererbsenwasser aufheben.
- 1 EL Olivenöl in einer Pfanne erhitzen und die Zwiebel darin ca. 2 Minuten glasig andünsten. Den Knoblauch und die Gewürze dazugeben und auf mittlerer Hitze ca. 1 Minute anbraten. Die Pilze dazugeben und braten, bis sie ihre Flüssigkeit verlieren.
- Die Pilzpfanne, den Leinsamen-Mix, die Kichererbsen, das Kichererbsenwasser, den Senf, das Kichererbsenmehl und 1 EL Olivenöl in eine Schüssel geben und mit einem Pürierstab zerkleinern. Alternativ alles in einen Food Processor geben. Nicht zu fein pürieren, es sollten noch Stückchen zu sehen sein. Aus dem Teig ca. 4–5 Burger-Pattys formen.
- Ein wenig Öl in der Pfanne erhitzen und jeden Burger vorsichtig pro Seite ca. 3–4 Minuten auf mittlerer Hitze anbraten.
- Für die Tahin-Mayonnaise alle Zutaten mit einem Schneebesen zu einer glatten Sauce verrühren.
- Die Burger mit gewaschenen Romanasalatblättern, Tomatenscheiben, Mayo und Sprossen servieren oder natürlich zwischen den Burgerbrötchen genießen.

Küchentipp: Die Kichererbsen-Burger lassen sich prima einfrieren und nach Bedarf auftauen.

90 MIN.

BURGER-BOWL

Diese Buger-Bowl konnte besonders bei meinen männlichen Testessern punkten. Die Pattys harmonieren perfekt mit der gesunden Mayo und den knusprigen Kartoffeln.

Für 3–4 Personen

Für 6 Burger-Pattys

120 g Belugalinsen
300 ml + 2 EL Wasser
1 EL geschrotete Leinsamen
1 rote Zwiebel
1 Knoblauchzehe
150 g Champignons
100 g eingelegte, getrocknete Tomaten
1 TL natives Olivenöl
2 TL Balsamico-Essig
1 Handvoll Basilikum
1 TL Ahornsirup
40 g gemahlene Mandeln
natives Kokosöl

Für die Bowl

400 g Kartoffeln
2 EL natives Olivenöl
1 TL Kräuter der Provence
½ TL Meer- oder Steinsalz
2 Romanasalate
200 g Kirschtomaten
1 rote Zwiebel

Für die Harissa-Mayonnaise

2 EL natives Olivenöl
2 EL weißes Mandelmus
1 TL heller Essig
1 TL Senf (ohne Zuckerzusatz)
1 TL frisch gepresster Zitronensaft
1 Prise Meer- oder Steinsalz
1 TL Harissa

- Die Belugalinsen ca. 1 Stunde in Wasser einweichen. Bei Zeitmangel kann dieser Schritt übersprungen werden.
- Die Linsen gut waschen und mit 300 ml Wasser aufkochen. Die Hitze reduzieren und die Linsen ca. 20–25 Minuten köcheln lassen. Die Leinsamen mit 2 EL Wasser vermengen und zur Seite stellen.
- Die Zwiebel und den Knoblauch schälen und hacken. Die Champignons würfeln. Die getrockneten Tomaten klein schneiden. Etwas Öl in einer Pfanne erhitzen und die Zwiebel darin glasig anbraten. Knoblauch und Champignons dazugeben und ca. 4 Minuten anbraten. Mit dem Balsamico-Essig ablöschen und ca. 1 Minute reduzieren lassen.
- Alle Zutaten für die Burger-Pattys mit den angebratenen Champignons mit einem Pürierstab oder in einem Food Processor grob vermengen. Am besten ca. 30 Minuten zum Setzen in den Kühlschrank stellen.
- Den Backofen auf 180 °C Umluft (200 °C Ober-und Unterhitze) vorheizen. Die Kartoffeln in Ecken schneiden und mit 1,5 EL Öl, den Kräutern der Provence und dem Salz vermengen. Die Kartoffelecken auf ein mit Backpapier ausgelegtes Backblech geben und ca. 35–40 Minuten backen.
- Für die Burger-Bowl den Salat und die Tomaten waschen. Die Zwiebel schälen und in Ringe schneiden und mit dem restlichen Olivenöl auf niedriger Hitze langsam in der Pfanne karamellisieren.
- Für die Mayonnaise alle Zutaten plus 3 EL Wasser mit einem Schneebesen vermengen.
- Aus der Linsenmasse ca. 6 Pattys formen und in einer Pfanne mit etwas Öl von beiden Seiten ca. 4 Minuten goldbraun anbraten.
- Für die Bowl den Salat, die Tomaten, die Pattys, die angebratenen Zwiebeln und die Mayo in einer Schüssel anrichten und genießen.

30 MIN.
+ EINWEICH-
ZEIT ÜBER
NACHT

QUINOA-HIRSE-PIZZA

Die Inspiration für diese Pizza kommt von einem meiner Lieblingsblogs: The First Mess. Dort stieß ich immer wieder auf Pizza, die nur aus eingeweichter Quinoa bestand, was ich erst skeptisch beäugte. Neugierig, ob das Prinzip auch mit Hirse funktioniert, probierte ich an sechs Wochentagen verschiedene Kombinationen aus: nur mit Hirse, nur mit Quinoa, mehr Hirse, mehr Quinoa und blieb schließlich bei mehr Quinoa und weniger Hirse hängen. Das einzige Manko an diesem Rezept ist die Einweichzeit von 8 Stunden. Deshalb ist es eher ein Rezept fürs Wochenende. Die Wartezeit lohnt sich aber definitiv, denn heraus kommt ein himmlisch knuspriger, glutenfreier Pizzaboden.

Für 2 Pizzaböden mit 26 cm Ø

150 g ungekochte Quinoa
50 g ungekochte Hirse
1 EL + 1 TL Apfelessig
60 ml Wasser
1 EL natives Olivenöl + etwas zum Bepinseln
1 TL Oregano
1 TL Basilikum
½ TL Meer- oder Steinsalz
frischer Pfeffer

Für den Belag

1 gelbe Paprika
50 g eingelegte, getrocknete Tomaten
4 Champignons
3 EL Cashewmus (oder Sonnenblumenkernmus)
3 EL Wasser
2 EL (glutenfreie) Hefeflocken
ca. 6 EL selbst gemachte Tomatensauce (Seite 172) oder Bio-Tomatensauce ohne Zuckerzusatz aus dem Glas
2 EL Tomatenmark

- Quinoa und Hirse komplett mit Wasser bedecken, 1 TL Apfelessig dazugeben und über Nacht oder mindestens 8 Stunden einweichen.
- Nach dem Einweichen den Backofen auf 180 °C Umluft (200 °C Ober- und Unterhitze) vorheizen. Das Wasser abgießen, Hirse und Quinoa gut abspülen und alle restlichen Zutaten für den Boden in einen Mixer geben und fein pürieren. Nach Bedarf mehr Wasser dazugeben, bis man ungefähr die Konsistenz von Pfannkuchenteig erhält.
- Zwei Springformen mit Backpapier auskleiden (dafür das Backpapier auf den Boden legen und den Rand über dem Backpapier zuziehen). Das Backpapier und den Rand mit Olivenöl bepinseln und den Teig auf die Springformen aufteilen. Beide Pizzaböden ca. 20 Minuten backen.
- Für den Belag die Paprika entkernen. Die Paprika und die getrockneten Tomaten fein würfeln. Die Champigions in Scheiben schneiden. Das Cashewmus mit 3 EL Wasser und den Hefeflocken mit einem Schneebesen vermengen. Die Tomatensauce mit dem Tomatenmark verquirlen. Die Pizzaböden aus dem Ofen nehmen, den Springformring entfernen und die Pizzaböden mit der Sauce bestreichen. Das Mus darübergeben und die Gemüsewürfel darüber verteilen.
- Die Pizzen im Ofen weitere ca. 8–10 Minuten backen und genießen.

Küchentipp: Der Pizzaboden muss unbedingt auf Backpapier gebacken werden. In einer gefetteten Form ohne Backpapier ist er mir bereits einige Male eingebrannt. Wer keine Springform hat, kann den Teig auch einfach auf ein mit Backpapier ausgelegtes Backblech geben.

50 MIN.

ZERQUETSCHTE KARTOFFELN MIT ROTEM PISTAZIEN-PESTO

Ahhh … dieses Pesto hat mein Leben verändert. Ich esse es auf Brot, zu Pasta, Gemüse … wirklich zu allem. Es ist so himmlisch aromatisch, denn die Mischung aus getrockneten Tomaten, gerösteten Pistazien und Pinienkernen ist echt der Hit. Der heimliche Held sind aber die Fenchelsamen. Ach ja, und zerquetschte Kartoffeln sind natürlich auch sehr lecker. Aber nur in Kombination mit dem Pesto.

Für das rote Pistazien-Pesto

30 g Pinienkerne
2 TL Fenchelsamen
1 TL Rosmarin
30 g geröstete, ungesalzene Pistazien
200 g eingelegte, getrocknete Tomaten in Olivenöl
80 ml Olivenöl der Tomaten
1 Handvoll frischer Basilikum
1 Knoblauchzehe
1 EL (glutenfreie) Hefeflocken (optional)
Pfeffer nach Geschmack

Für die Kartoffeln

1 kg Kartoffeln
1 EL natives Olivenöl

- Für das Pesto die Pinienkerne in einer Pfanne ohne Öl goldbraun rösten.
- Danach die Fenchelsamen in der Pfanne ca. 2 Minuten anrösten und den Rosmarin ebenfalls kurz trocken rösten. Aber Vorsicht: Nichts anbrennen lassen!
- Alle Pesto-Zutaten inklusive des Öls der Tomaten mit einem Pürierstab oder einem Food Processor fein pürieren. Die Zugabe von Salz ist nicht mehr nötig.
- Ein Backblech mit Backpapier auslegen oder mit ein wenig Olivenöl bepinseln.
- Die Kartoffeln in einem großen Topf vollständig mit Wasser bedecken und aufkochen. Die Hitze reduzieren und die Kartoffeln ca. 15 Minuten kochen. Das Wasser abgießen und die Kartoffeln auf das Backblech geben.
- Den Backofen auf 180 °C Umluft (200 °C Ober- und Unterhitze) vorheizen.
- Mit der Rückseite eines Glases jede Kartoffel leicht herunterdrücken, sodass alle Kartoffeln leicht zerquetscht sind. Auf jeder Kartoffel ca. 1 TL Pesto verteilen und mit etwas Olivenöl beträufeln.
- Die Kartoffeln ca. 20–30 Minuten goldbraun backen und pur oder als Beilage genießen.

Küchentipp: Für dieses Pesto bitte unbedingt qualitativ hochwertige, in Olivenöl eingelegte Tomaten kaufen. Dann kann das Olivenöl direkt für das Pesto mitverwendet werden. So wird auch gleich Lebensmittelverschwendung verhindert.

40 MIN.

WÄRMENDER KARTOFFEL-BOHNEN-EINTOPF

Ich lebe für wärmende Eintöpfe und Currys. Gerade im Herbst und Winter gibt es für mich nichts Besseres, als mich abends auf einen Eintopf zu freuen. Die orientalischen Gewürze sorgen in diesem Eintopf für ein echtes Aromafeuerwerk und harmonieren perfekt mit den sonst eher faden Kartoffeln und grünen Bohnen.

Für 4 Personen

300 g kleine Kartoffeln
1 gelbe Paprika
1 Karotte
½ TL gemahlener Kreuzkümmel
½ TL gemahlene Kurkuma
1 TL Fenchelsamen
1 TL Senfsamen
½ TL gemahlener Koriander
150 g grüne Bohnen
1 rote Zwiebel
2 Knoblauchzehen
1 kleiner Apfel (ca. 70 g)
300 ml Kokosmilch
1 Dose (400 g) gehackte Tomaten
1 TL Meer- oder Steinsalz
Saft von ½ Zitrone
¼ TL schwarzer Pfeffer
frische Kräuter, z.B. Koriander, Petersilie, Minze
Vollkornreis, Quinoa oder Hirse zum Servieren (optional)

- Die Kartoffeln vierteln, die Paprika entkernen und in mundgerechte Stücke und die Karotte in Scheiben schneiden. Alle Gewürze in einer kleinen Schüssel vermengen. Die Enden der Bohnen abschneiden und lange Bohnen halbieren. Zwiebel und Knoblauch schälen und fein hacken, den Apfel ebenfalls fein hacken.
- Die Gewürze in einem Kochtopf bei mittlerer Hitze ohne Öl rösten, bis sich ihr Aroma entfaltet. 3 EL Kokosmilch dazugeben und mit den Gewürzen vermengen. Nun die Zwiebel, den Knoblauch und den Apfel darin leicht anbraten.
- Das Gemüse ohne die Bohnen in den Topf geben, vollständig mit den Gewürzen vermengen und ca. 3 Minuten mit anrösten. Mit den Tomaten und der restlichen Kokosmilch ablöschen, das Salz dazugeben und einmal aufkochen. Die Hitze reduzieren und den Eintopf ca. 25 Minuten köcheln lassen. Dann die grünen Bohnen dazugeben und ca. 5 Minuten mitkochen.
- Mit Zitronensaft und Salz und Pfeffer abschmecken und mit frischen Kräutern servieren. Wer mag, kann dazu Reis, Quinoa oder Hirse reichen.

Himmlisch für Körper und Seele, weil …

… grüne Bohnen ein prima Eiweiß- und Ballaststofflieferant sind. Ebenfalls enthalten sie B-Vitamine, die gut für die Nervenbahnen sind, sowie Betacarotin, das im Körper in augenlichtfreundliches Vitamin A umgewandelt wird. Allerdings sollten Bohnen nicht roh verzehrt werden, weil das Protein Phasin schädlich sein kann. Kurzes Blanchieren reicht aber aus, um dieses Protein zu zerstören und die Bohnen genießbar zu machen.

35 MIN.

GRILLBRÖTCHEN MIT ROSMARIN, TOMATEN & OLIVEN

Im Sommer essen mein Mann und ich am liebsten so wie im Urlaub: gutes Brot, gutes Olivenöl, Oliven und kleine Tapas. So holt man sich den Sommerurlaub ganz einfach nach Hause. Ja, das mag nicht das ausgewogenste Abendessen sein, doch dafür umso leckerer. Diese Grillbrötchen sind schnell gemacht und bestehen nur aus guten Zutaten. Sie passen nicht nur im Sommer zum Grillen, sondern können das ganze Jahr über nach Belieben genossen werden.

Für 4 große oder 6 kleine Brötchen

1 EL Chiasamen oder helle, geschrotete Leinsamen
3 EL Wasser
200 ml Mandelmilch (oder glutenfreie Hafermilch)
1 EL Apfelessig
4 Oliven
50 g getrocknete Tomaten in Öl
1 TL frischer Rosmarin + mehr zur Dekoration
250 g Dinkelvollkornmehl (für eine glutenfreie Variante 250 g Buchweizenmehl und 1 EL Flohsamenschalen verwenden)
1 TL Weinstein-Backpulver
¼ TL Natron
1 TL Meer- oder Steinsalz
Sesam zum Bestreuen

- Den Backofen auf 180 °C Umluft (200 °C Ober- und Unterhitze) vorheizen.
- Die Chiasamen oder Leinsamen mit 3 EL Wasser vermengen und zur Seite stellen. Nach ein paar Minuten noch einmal umrühren. Die Mandelmilch mit dem Apfelessig vermengen und zur Seite stellen.
- Die Oliven entsteinen. Die getrockneten Tomaten und die Oliven in kleine Stücke schneiden. Den Rosmarin hacken. Das Mehl mit dem Weinstein-Backpulver, dem Natron und dem Salz gut vermengen. Den Chia- oder Leinsamen-Mix zur Mandelmilch geben und mit der Gabel so gut es geht vermengen.
- Die nassen Zutaten zu den trockenen geben und mit einem Holzlöffel gut vermengen. Tomaten, Oliven und Rosmarin kurz unterrühren.
- Mit leicht feuchten Händen ca. 4 Brötchen formen und auf ein mit Backpapier ausgelegtes Backblech legen. Die Brötchen mit Sesam bestreuen und ca. 25 Minuten backen.

Himmlisch für Körper und Seele, weil ...

... diese Brötchen eine gesunde Alternative zu weißem Grillbrot sind. Ich liebe ja Baguette o.Ä. zum Grillen, doch sind darin weder Nährstoffe noch Ballaststoffe enthalten. Weißbrot treibt den Blutzuckerspiegel sehr schnell in die Höhe und lässt ihn dann ebenso schnell wieder sinken. Besser sind Lebensmittel mit komplexen Kohlenhydraten, die im Vergleich zu isolierten Kohlenhydraten nur langsam resorbiert werden und somit lang anhaltende Energie liefern.

50 MIN.

SÜSSKARTOFFELN MIT BURRITO-FÜLLUNG

Es gibt nichts Wohligeres als sich im Winter eine Süßkartoffel zu backen und diese dann lecker zu füllen. Diese Süßkartoffeln sind inspiriert von meiner Zeit in Texas. Hier wird die Burrito-Füllung anstelle von Wraps mit gebackenen Süßkartoffeln gereicht. Gesund und himmlisch gut!

Für 2 Personen

2 Süßkartoffeln
2 EL natives Olivenöl
200 g Vollkorn-Basmatireis
1 rote Zwiebel
2 Knoblauchzehen
1 rote Paprika
300 g Tomaten
1 Glas oder Dose Kidneybohnen (400 g)
½ TL Chiliflocken
½ TL Kreuzkümmel
½ TL Paprikapulver
¼ TL Cayennepfeffer
80 g Tomatenmark
Saft von ½ Limette
Meer- oder Steinsalz und Pfeffer

Für die Avocado-Limetten-Sauce

1 Avocado
Saft von ½ Limette
2 EL gehackter Koriander
Meer- oder Steinsalz und Pfeffer nach Geschmack

- Den Backofen auf 180 °C Umluft (200 °C Ober- und Unterhitze) vorheizen.
- Die Süßkartoffeln waschen und halbieren. Eventuell an der Unterseite etwas abschneiden, damit die Kartoffeln gerade liegen. Mit ein wenig Olivenöl bestreichen und die Kartoffeln ca. 30–35 Minuten backen.
- In der Zwischenzeit den Reis waschen und mit der doppelten Menge Wasser aufkochen.
- Für die Füllung die Zwiebel und den Knoblauch schälen und fein hacken. Die Paprika und die Tomaten in mundgerechte Stücke schneiden, die Bohnen abtropfen und abspülen und alle Gewürze in einer kleinen Schüssel vermengen.
- 1 EL Olivenöl in einer Pfanne erhitzen und die Zwiebeln darin glasig andünsten. Den Knoblauch dazugeben und mit anschwitzen. Nun die Gewürze hinzufügen und mit anrösten. Paprika, Tomaten und Tomatenmark dazugeben, mit dem Gewürzmix vermengen und ca. 5 Minuten auf mittlerer Hitze mit anbraten. Mit 120 ml Wasser ablöschen und die Kidneybohnen dazugeben. Einmal bei hoher Hitze aufkochen, die Hitze reduzieren und alles ca. 5 Minuten köcheln lassen. Mit Limettensaft, Salz und Pfeffer abschmecken und zur Seite stellen.
- Für die Avocado-Limetten-Sauce alle Zutaten mit einem Pürierstab oder in einer Küchenmaschine pürieren oder mit einer Gabel zerdrücken. Mit Salz, Pfeffer und mehr Limettensaft abschmecken.
- Die Süßkartoffelhälften mit dem Gemüsemix, dem Reis und der Avocadosauce servieren.

Himmlisch für Körper und Seele, weil …

… Süßkartoffeln ein fester Bestandteil der gesunden Küche sind. Auch wenn ihr Name es nicht vermuten lässt, sind sie aufgrund des hohen Ballaststoffgehaltes perfekt für Diabetiker geeignet.

40 MIN. + EINWEICHZEIT

MANGOLD-LINSEN-EINTOPF

Mangold ist ein sehr gesundes Blattgrün, doch scheint es mir, als würde Mangold etwas im Schatten vom Spinat stehen. Dabei ist er doch viel bunter und aufregender als Spinat. Hier verfeinert er einen scheinbar simplen Linseneintopf, der aber durch den Einsatz von getrockneten und frischen Kräutern zum echten Winter-Wohlfühlessen wird.

Für 4–6 Personen

250 g grüne Linsen (Puy-Linsen) oder Berglinsen
1 Zwiebel
3 Knoblauchzehen
300 g Kartoffeln
200 g Karotten
100 g Mangold
1 EL Paprikapulver
2 TL Rosmarin
1 TL Kräuter der Provence
½ TL Zimt
1 EL natives Olivenöl
1 EL Apfelessig
2 Lorbeerblätter
1,5 l Wasser + 3 EL Gemüsebrühepaste (oder 1,5 l Gemüsebrühe)
Saft von ½–1 Zitrone
Meer- oder Steinsalz und Pfeffer
frische Kräuter (z.B. Petersilie, Dill, Rosmarin)
2 EL gehackte Haselnüsse (optional)

- Die Linsen idealerweise 2 Stunden, mindestens aber 30 Minuten in klarem Wasser einweichen. Bei Zeitmangel kann dieser Schritt übersprungen werden.
- Die Zwiebel und die Knoblauchzehen schälen und hacken. Die Kartoffeln und die Karotten bei Bedarf schälen und beides in mundgerechte Stücke schneiden. Den Mangold waschen und klein schneiden. Die Gewürze in einer kleinen Schüssel mischen.
- Das Öl in einem Kochtopf erhitzen und die Zwiebel darin ca. 2 Minuten glasig andünsten. Den Knoblauch dazugeben und kurz mit anbraten. Die Gewürze dazugeben und auf mittlerer Hitze rösten, bis sich ihr Aroma entfaltet hat. Die Kartoffeln, die Karotten und die abgespülten Linsen hineingeben und mit den Gewürzen vermischen. Mit 1,5 l Wasser, der Gemüsebrühepaste und dem Apfelessig ablöschen und kurz aufkochen. Die Lorbeerblätter hinzufügen. Die Hitze reduzieren und alles ca. 30 Minuten köcheln lassen. Während der letzten 5 Minuten den Mangold mitköcheln, bis dieser eingefallen ist.
- Mit Zitronensaft, Salz und Pfeffer abschmecken. Mit frischen Kräutern wie Petersilie, Dill oder Rosmarin und ggf. Haselnüssen großzügig garnieren.

Himmlisch für Körper und Seele, weil ...

... die bunten Regenbogenfarben des Mangolds nicht nur optisch hübsch sind. Sie stehen auch für unterschiedliche Farbstoffe, die antioxidative Eigenschaften haben und uns vor freien Radikalen schützen. Deshalb finde ich, dass man es Mangold bereits ansehen kann, was er für ein Kraftpaket an Nährstoffen ist. Wie jedes andere Blattgrün ist auch Mangold eine außergewöhnlich gute pflanzliche Vitalstoff- und Eisenquelle.

45 MIN.

KÜRBIS-WALNUSS-CHILI

„Kürbisse sind die Entschuldigung dafür, dass der Sommer vorbei ist". Diesen Spruch habe ich mal auf einem dieser leicht kitschigen, amerikanischen Sprücheschildern gelesen. In meinem Fall fühlte ich mich aber sehr angesprochen, denn sobald es auf dem Wochenmarkt die ersten Kürbisse gibt, freue ich mich auf den Herbst. Der Kürbis macht das Chili angenehm süß und gibt ihm sein wohlig-herbstliches Aroma. Durch den Buchweizen wird das Chili nicht nur ballaststoffreich, sondern erhält einen ganz eigenen, nussigen Geschmack.

Für 4–6 Personen

200 g (gekeimter) Buchweizen
100 g Walnüsse
1 Zwiebel
2 Knoblauchzehen
1 kleine Chilischote
1 Hokkaido-Kürbis (ca. 400 g)
1 Paprika
2 EL natives Kokosöl
1 TL Fenchelsamen
1 EL Kreuzkümmel
2 TL Paprikapulver
80 g Tomatenmark
2 Dosen gehackte Tomaten (je 400 g)
500 ml Wasser
1 EL Apfelessig
1 Dose Kidneybohnen (400 g)
Meer- oder Steinsalz und Pfeffer
Saft von ½–1 Limette
(Kokos-)Joghurt und Koriander

- Den Buchweizen ca. 2 Stunden in klarem Wasser einweichen. Bei Zeitmangel kann der Schritt übergangen werden – oder einfach gleich gekeimten Buchweizen kaufen.
- Den Buchweizen dann sehr gut abspülen. Die Walnüsse fein hacken.
- Die Zwiebel und den Knoblauch schälen und ebenso wie die Chilischote fein hacken. Den Kürbis waschen und würfeln. Die Paprika entkernen und in mundgerechte Stücke schneiden.
- Das Kokosöl in einem großen Kochtopf leicht erhitzen. Erst die Zwiebeln darin ca. 2 Minuten glasig dünsten, dann Knoblauch, Chili und Gewürze hinzugeben und kurz anschwitzen. Tomatenmark, Kürbis, Paprika und Buchweizen hinzufügen und eine weitere Minute anbraten.
- Mit den Tomaten sowie 500 ml Wasser und Apfelessig ablöschen. Auf hoher Hitze aufkochen, die Hitze reduzieren und auf mittlerer Hitze 25–30 Minuten köcheln lassen. Zwischendurch umrühren und eventuell Wasser nachgießen.
- Kurz vor Schluss die Walnüsse und Kidneybohnen unterrühren und mit Salz, Pfeffer und Limettensaft abschmecken. Mit Kokos-Joghurt und Koriander servieren.

Himmlisch für Körper und Seele, weil …

… Kürbis eine der nährstoffreichsten Gemüsesorten des Herbstes ist. Er ist nicht nur reich an Vitamin A, das unser Augenlicht schützt, sondern auch an Magnesium, einer der wichtigsten Mineralstoffe überhaupt. Magnesium wirkt entzündungshemmend, schützt vor Diabetes Typ 2 und hilft bei der Gewichtsabnahme. Ebenfalls sind sowohl die Kürbiskerne als auch das Kürbisfleisch eine gute Zinkquelle. Zink ist u.a. wichtig für ein intaktes Immunsystem und unser Fortpflanzungssystem.

SNACKS UND SÜẞES

Ich liebe es zu backen. Diese Leidenschaft begann in der Küche meiner Großmutter, in der ich meinen ersten Stollen, Apfelkuchen und Rhabarber-Streuselkuchen gebacken habe. In den letzten Jahren hat sich mein Verständnis vom Backen allerdings sehr verändert. Da ich mich überwiegend pflanzlich ernähre, sind die Eier aus meinen Kuchen verschwunden und haben Platz für Leinsamen oder Mineralwasser gemacht. Am liebsten süße ich naturbelassen mit Apfelmark (ungesüßtes Apfelmus) oder Bananen und mit cremigem Honig, Kokosblütenzucker und Ahornsirup, wenn ich eine karamellige Nuance haben möchte. Ich spiele ebenfalls gerne mit verschiedenen Mehlen herum, um den Kuchen und Keksen unterschiedliche Geschmäcker zu verleihen. Ich nutze glutenfreie Mehle wie Buchweizenmehl, weil sie tolle gesundheitliche Vorteile haben, und Dinkelmehl, weil es einen milden Geschmack hat und überall günstig zu finden ist. Mit Dinkelmehl Type 1050 oder 630 kann man nie etwas falsch machen, doch nutze ich, sooft es geht, die Vollkornvarianten von Mehlsorten, um meinen Kuchen und süßen Rezepten so viele Nährstoffe wie möglich zu verleihen.

Mein Ziel ist es, mit jedem Rezept maximalen Genuss zu erzeugen, sodass man gar nicht merkt, dass es sich um gesündere Süßigkeiten handelt. Doch auch wenn ein süßes Rezept gesündere, naturbelassene Zutaten enthält, es ist immer noch eine Süßigkeit und sollte in Maßen genossen werden.

Jetzt, wo wir das geklärt haben, müsst ihr unbedingt die Schokoladen-Lavaküchlein (Seite 217) ausprobieren. Auch die Zucchini-Brownies (Seite 227) sind der Knüller und sogar Studenten-WG-erprobt. Mein persönliches Lieblingsrezept sind die himmlischen Madeleines (oder Muffins) von Seite 222. Es war das erste Rezept, das ich für dieses Buch kreiert habe und das am meisten nachgebackene Rezept meiner Testköche (sprich meiner Schwestern). Und wenn ihr wissen wollt, welcher Snack auf unserer Hochzeit alle verzaubert hat, dann blättert mal schnell auf die nächste Seite.

5–10 MIN.

DREI SCHNELLE SNACKS FÜR ZWISCHENDURCH

Diese drei Snacks sind nicht nur einfach gemacht, sie schmecken auch alle fantastisch. Die gefüllten Datteln mit Gurke und Zitrone haben für mich eine ganz besondere Bedeutung. Meine Freundin Janine vom Ændrè in Hamburg hat sie extra für unsere Hochzeit entwickelt und bei dem Geschmack denke ich nun automatisch an unseren traumhaften Tag zurück.

Aprikosen-Zitronen-Energy-Balls

Für 15 Bällchen

150 g Cashewkerne
200 g Aprikosen
5 EL Kokosflocken
Schale von ½ Bio-Zitrone

- Die Cashewkerne im Food Processor kurz hacken und in eine Schüssel umfüllen. Die Aprikosen im Food Processor zerkleinern. Die restlichen Zutaten dazugeben und kurz zu einer groben Masse vermengen.
- Den Teig esslöffelweise herausnehmen und zwischen den Handflächen zu runden Bällchen formen. Die Bällchen ca. 1 Stunde zum Setzen in den Kühlschrank geben und anschließend in einen luftdichten Glascontainer umfüllen.

Gefüllte Datteln mit Gurke & Zitrone

Für 4 Datteln

4 Datteln, am besten Medjool
4 TL weißes Mandelmus
ein wenig Bio-Zitronenschale
4 kleine Minzblätter (optional)
4 Gurkenscheiben

- Die Datteln entkernen und mit dem Mandelmus, der Zitronenschale und einem Minzblatt füllen. Zusammen mit einer Scheibe Gurke essen und sich von dem einzigartigen Geschmack überraschen lassen.

Schoko-Datteln

Für 5 Datteln

5 Datteln, am besten Medjool
5 TL Mandelmus
5 Mandeln
50 g vegane Zartbitterschokolade, mindestens 70 % Kakao (gekauft oder selbst gemacht, siehe Seite 227)
Meer- oder Steinsalz
ggf. gefriergetrocknete Himbeeren

- Die Datteln entsteinen und mit jeweils 1 TL Mandelmus und einer Mandel füllen. Die Schokolade über dem Wasserbad schmelzen und jede Dattel komplett mit Schokolade bedecken. Mit Salz und ggf. Himbeeren bestreuen und erkalten lassen.

60 MIN.

OMEGA-3-KRÄUTER-CRACKER MIT DIP

Diese Cracker mit Erbsendip haben einen leicht käsigen Geschmack durch die Hefeflocken und sind durch die Kräuter sehr aromatisch. Zusammen mit dem Erbsendip sind sie der ideale gesunde Snack gegen Heißhunger im Büro oder unterwegs.

Für ca. 1 Blech

60 g helle, geschrotete Leinsamen
60 g Sesam
30 g Kürbiskerne
2 EL Hanfsamen (oder mehr Leinsamen)
60 g Buchweizenmehl
1 TL getrockneter Rosmarin
1 TL Kräuter der Provence
1 EL (glutenfreie) Hefeflocken
¼ TL Meer- oder Steinsalz
1 EL natives Olivenöl
200 ml Wasser

Für den Erbsendip

300 g TK-Erbsen
1 Bund Basilikum
1 Handvoll Schnittlauch
2 EL natives Olivenöl
Saft und 1 TL Schale von 1 Bio-Zitrone
Meer- oder Steinsalz und frischer Pfeffer

- Den Backofen auf 180 °C Umluft (200 °C Ober- und Unterhitze) vorheizen.
- Alle Zutaten in einer Schüssel vermengen. Den Inhalt auf ein mit Backpapier ausgelegtes Backblech geben, mit einem Spatel dünn verteilen und ca. 15 Minuten zum Andicken stehen lassen.
- Die Cracker für 10 Minuten backen, kurz aus dem Backofen herausnehmen und nach Wunschform einschneiden.
- Die Cracker weitere 25–30 Minuten backen und erkalten lassen.
- Für den Dip die Erbsen in eine Schüssel geben und mit kochendem Wasser übergießen. Ca. 2 Minuten ziehen lassen und abgießen. Die Erbsen mit allen Zutaten für den Dip mit einem Pürierstab oder in einem Food Processor pürieren und mit Salz und Pfeffer abschmecken.

Küchentipp: Wer gerne entsaftet, kann etwas Gemüsetrester zu den Crackern geben. Gerade Rote-Bete- oder Karottentrester passen hier prima.

Himmlisch für Körper und Seele, weil …

… die Cracker und der Dip den Körper mit vielen wichtigen Nähr- und Vitalstoffen versorgen. Erbsen sind eine sehr gesunde und vor allem günstige Proteinquelle, und die Cracker enthalten durch die Lein- und Hanfsamen besonders viele Omega-3-Fettsäuren.

30 MIN.

TAHIN-ORANGEN-KEKSE

Sesam öffne dich! Diese Kekse öffnen zwar keine Felswand mit Schätzen, aber sie sind selber ein Schatz. Der Vitalstoffreichtum in Sesam ist nämlich sehr beachtlich. Sesammus, auch Tahin genannt, strotzt nämlich nur so vor Nährstoffen wie Magnesium oder Kalzium. In Verbindung mit Orange erinnern sie mich an Kekse, die ich einmal in Marrakesch gegessen habe. Eine himmlische Kombination! Durch das Tahin und die Orange sind diese Kekse aber nicht zu süß und angenehm erfrischend im Geschmack.

Für 12–15 Kekse

120 g Tahin (Sesammus)
1 Bio-Orange (20 ml Saft und 2 TL Schale)
80 g Ahornsirup
15 g Kokosblütenzucker
120 g gemahlene Mandeln
½ TL Weinstein-Backpulver
1 Prise Meer- oder Steinsalz
1 Prise Vanillepulver
2 EL Sesam zum Bestreuen

- Den Ofen auf 160 °C Umluft (180 °C Ober- und Unterhitze) vorheizen.
- Tahin, 1 TL Orangenschale, Orangensaft, Ahornsirup und Kokosblütenzucker mit einem Handmixer oder Schneebesen verrühren. Gemahlene Mandeln, Backpulver, Salz und Vanille dazugeben und zu einem feinen Teig verarbeiten.
- Mit leicht feuchten Händen ca. 15 Bällchen formen. Die Bällchen auf ein mit Backpapier ausgelegtes Backblech legen und mit den Händen leicht andrücken und zu runden Keksen formen. Ein bisschen Orangenschale und Sesam über den Keksen verteilen und ca. 10–12 Minuten backen.

Himmlisch für Körper und Seele, weil …

… Sesam zu den wohl gesündesten Samen der Welt gehört. Die schwarzen oder hellbraunen Samen enthalten sechsmal so viel Kalzium wie Kuhmilch. Kein Wunder also, dass Sesam aufgrund seines Kalziumreichtums so gut für die Knochen, Gelenke und Zähne ist. Sesam enthält ebenfalls alle essenziellen Aminosäuren, weshalb er eine exzellente Proteinquelle ist.

Varianten: Tahin hat einen leicht bitteren Eigengeschmack, den man mögen muss. Tahin aus geschältem Sesam ist milder als Tahin aus ungeschältem Sesam, weshalb ich Ersteres für dieses Rezept empfehle. Wer auch sonst kein Tahin mag, kann es durch Sonnenblumenkernmus, Mandelmus oder anderes Nussmus ersetzen. Und wer es gerne schokoladig mag, kann noch 3 EL Rohkakao zum Teig dazugeben.

25 MIN.

SCHOKOLADEN-LAVAKUCHEN

In Restaurants bestelle ich so gut wie nie Desserts, es sei denn, es gibt warmen Lavakuchen. Da kann ich einfach nicht widerstehen. Deshalb wollte ich auch einen Kuchen kreieren, der nur aus Zutaten besteht, die ich eigentlich immer vorrätig habe. So kann man ihn spontan zubereiten, wenn man Lust darauf hat oder Besuch vorbeikommt. Der flüssige, schokoladige Kern ist einfach himmlisch. Kombiniert mit frischen Erdbeeren wird der Kuchen garantiert alle Gäste verzaubern.

Für 6 Lavakuchen

30 g natives Kokosöl + etwas zum Einfetten der Formen
160 ml (glutenfreie) Hafermilch
1 EL Apfelessig
60 g gemahlene Mandeln
100 g glutenfreie Mehlmischung (Seite 40), Dinkelmehl Type 1050 oder Vollkorndinkelmehl
1 TL Weinstein-Backpulver
¼ TL Natron
1 Prise Meer- oder Steinsalz
25 g Rohkakao
80 g Apfelmark
70 g Kokosblütenzucker
ca. 35 g vegane Zartbitterschokolade (mindestens 70 % Kakao), gekauft oder selbst gemacht (Seite 227)

- Den Backofen auf 160 °C Umluft (180 °C Ober- und Unterhitze) vorheizen.
- 6 Muffinformen mit Kokosöl sorgfältig einfetten. Das Kokosöl in eine ofenfeste Schale füllen und zum Schmelzen in den Backofen stellen.
- Die Hafermilch mit dem Apfelessig vermengen und zur Seite stellen. Mandeln zusammen mit Mehl, Weinstein-Backpulver, Natron, Salz und Kakao in einer Schüssel vermengen.
- In einer Rührschüssel das Apfelmark mit dem Kokosblütenzucker und dem flüssigen Kokosöl mit einem Schneebesen vermengen. Die Hafermilch kurz unterrühren und die trockenen Zutaten dazugeben und gut vermengen. Den Teig auf die eingefetteten Formen verteilen und ca. 7 g Zartbitterschokolade in die Mitte jedes Kuchens drücken und mit dem Teig umschließen.
- Die Kuchen ca. 15 Minuten lang backen und weitere 10 Minuten abkühlen lassen. Die Muffinformen dann vorsichtig umkippen und die Küchlein herausklopfen. Sofort warm z.B. mit Erdbeeren servieren.

Himmlisch für Körper und Seele, weil …

… die Kuchen im Vergleich zur traditionellen Variante nur aus vollwertigen Zutaten bestehen. Die Mandeln und das Vollkornmehl verhindern das rasche Ansteigen des Blutzuckerspiegels und machen die Kuchen zu einer süßen Versuchung ohne Reue.

Varianten: In diesem Kuchen mag ich Dinkelmehl Type 1050 am liebsten. Man kann aber auch Vollkorndinkelmehl oder einen Mix verwenden.

5 MIN.

JOGHURTEIS MIT HASELNUSSKROKANT

Ein cremiges Eis in unter 5 Minuten? Das geht und dafür braucht man gerade mal zwei Zutaten: gefrorene Früchte und Joghurt. Natürlich hat dieses Eis nicht die Konsistenz von cremigem Sahneeis, sondern eher von Softeis, aber es schmeckt deshalb supercremig und enthält keine Zusätze wie manches Eis aus der Eisdiele. Der Clou sind gefrorene Früchte, die mit dem Joghurt püriert werden. So muss das Eis gar nicht erst ins Gefrierfach, sondern ist im Nu auf dem Tisch.

Für 2 Personen

Für den Haselnusskrokant

30 g geröstete Haselnüsse
1 TL Ahornsirup
1 Prise Meer- oder Steinsalz

Erdbeer-Basilikum-Eis

300 g gefrorene Erdbeeren
300 g pflanzlicher Joghurt (oder Joghurt nach Wahl)
1–2 TL Honig (je nach Geschmack)
1 Handvoll Basilikum

Waldbeer-Eis

300 g Waldbeeren
300 g pflanzlicher Joghurt (oder Joghurt nach Wahl)
1–2 TL Honig (je nach Geschmack)
5 Blätter Minze

Außerdem

frische Erdbeeren oder Waldbeeren

- Für den Krokant die Haselnüsse hacken. Den Ahornsirup in einer Pfanne leicht erhitzen und die Haselnüsse darin kurz karamellisieren. Mit einer Prise Salz bestreuen.
- Für das Eis jeweils die gefrorenen Beeren mit dem Joghurt, dem Honig und den Kräutern in einem Mixer oder Food Processor pürieren. Nicht zu lange, sonst wird es zu flüssig.
- Das Eis sofort mit dem Haselnusskrokant und ggf. mehr Beeren servieren.

Himmlisch für Körper und Seele, weil …

… fermentierte Lebensmittel wie Joghurt Milliarden von guten Bakterien (Probiotika) enthalten. Diese guten Darmbakterien sind die Superhelden unseres Körpers. Man schätzt ihr Gewicht auf 1,5–2 Kilogramm. Fast unvorstellbar, denn damit sind die Darmbakterien schwerer als unser Gehirn. Die guten Bakterien bilden zusammen unsere Darmflora. Diese macht einen Großteil unseres Immunsystems aus, schützt uns vor Schadstoffen, bildet Vitamine und schützt uns vor Allergien und Unverträglichkeiten. Wenn nämlich die Darmwand durchlässig wird, kann es zu chronischen Krankheiten, Allergien und Unverträglichkeiten kommen. Eine gesunde Darmflora ist folglich so ziemlich das Wichtigste im Körper und muss deshalb gut gepflegt werden.

10 MIN. + EINFRIER-ZEIT

GEFRORENE SCHOKO-BANANEN

Dieses Rezept ist besonders bei den Jüngsten in meiner Familie sehr beliebt. Es macht unheimlich viel Spaß, die gefrorenen Bananen in Schokolade zu tauchen und sie dann blitzschnell mit den Lieblingstoppings zu dekorieren. Mein Favorit ist die Variante mit Erdnussmus. So schmeckt das Eis wie Snickers! Mit dem Buchweizen-Granola von Seite 60 wird es schön knusprig und mit Kokosflocken sommerlich exotisch. Viel Spaß beim Dippen!

Für 6 Bananen am Stiel

Für die Bananen

3 reife Bananen
60 g natives Kokosöl (oder Kakaobutter)
20 g Rohkakao
2 EL Kokosblütenzucker (oder Honig)
6 Eisstiele aus Holz

Topping-Ideen

Erdnussmus
Buchweizen-Granola (Seite 60)
Kokosflocken
gehackte Nüsse

- Die Bananen schälen und halbieren. Jede Hälfte vorsichtig auf einen Stiel stecken und die Bananen 2–3 Stunden einfrieren.
- Kurz vor dem Herausnehmen die Schokoladenglasur anrühren. Dafür das Kokosöl oder die Kakaobutter schmelzen und das Kakaopulver und den Kokosblütenzucker unterrühren. Die Glasur in ein hohes Glas füllen.
- Die Schokoladenglasur gefriert binnen weniger Sekunden. Man muss also schnell handeln, wenn man bunte Toppings auf den Bananen verteilen möchte. Das Glas dafür etwas schräg halten und die Bananen in die Schokoladenglasur tauchen. Dann schnell mit den Lieblingstoppings bestreuen.
- Haltet das Glas etwas schräg und taucht die Bananen in die Schokoladenglasur. Dann schnell mit den Lieblingstoppings bestreuen. Wer nicht schnell genug war, kann die Bananen natürlich ein zweites Mal in die Schokolade tunken.
- Die Bananen halten sich im Gefrierfach ein paar Wochen.

Himmlisch für Körper und Seele, weil …

… man bei diesem Eis genau weiß, was drin ist. Die Bananen sind eine natürliche Süßigkeit und von Natur aus reich an Ballast- und Mineralstoffen. Durch die enthaltenen Ballaststoffe wird der Blutzuckerspiegel ausbalanciert und die Verdauung unterstützt. Das ist der große Unterschied zwischen natürlichen Süßigkeiten wie Bananen, Obst oder Trockenobst: Sie enthalten nicht nur pure Glukose (Einfachzucker), sondern auch andere Nährstoffe und Ballaststoffe, welche die Aufnahme von Glukose verlangsamen. Deshalb hat der Zucker in Obst einen anderen Effekt auf unsere Gesundheit als isolierter Zucker aus Fruchtgummi, Schokoriegeln oder anderen Süßigkeiten.

Variante: Wer keine Bananen mag, kann dieses Rezept natürlich auch mit Äpfeln, Erdbeeren, Mangos oder anderen Früchten machen.

25 MIN.

HIMMLISCHE MADELEINES (ODER EINFACHE MUFFINS)

In dem Laden, in dem ich mein Geschirr für dieses Buch geliehen habe, habe ich mich so sehr in ein altes Madeleines-Blech verliebt, dass ich es unbedingt in diesem Buch abgebildet haben wollte. Ich habe dann ein echtes, französisches Rezept für Madeleines von einer französischen Freundin angepasst und könnte mit dem Rezept nicht glücklicher sein. Es ist so himmlisch zart, der Teig schmilzt quasi im Mund und die Süße wird durch die Orangenschale perfekt ausbalanciert. Wer zufällig keine Madeleineform zu Hause hat (wahrscheinlich die meisten), füllt den Teig einfach in Muffinformen.

Für 15 Madeleines oder 6–8 Muffins

50 ml flüssiges natives Kokosöl + etwas zum Fetten der Formen
1 EL geschrotete, helle Leinsamen
2 EL Wasser
90 g gemahlene Mandeln
85 g Vollkornreismehl
1 TL Weinstein-Backpulver
¼ TL Natron
1 Prise Meer- oder Steinsalz
75 g Ahornsirup
1 EL Orangenschale
2 EL Orangensaft
¼ TL Apfelessig
60 ml (glutenfreie) Hafermilch
30 ml Mineralwasser mit Kohlensäure

- Den Backofen auf 170 °C Umluft (190 °C Ober- und Unterhitze) vorheizen und die Madeleineform mit Kokosöl einfetten. Alternativ Muffinformen mit Silikon- oder Papierförmchen auslegen.
- Die Leinsamen mit 2 EL Wasser vermengen und zum Andicken zur Seite stellen.
- Die Mandeln mit dem Reismehl, dem Backpulver, dem Natron und dem Salz vermengen.
- Die flüssigen Zutaten sollten alle Raumtemperatur haben. Den Ahornsirup mit der Orangenschale, dem Orangensaft, dem Apfelessig, der Hafermilch, dem flüssigen Kokosöl und dem Leinsamen-Mix in eine Rührschüssel geben und mit einem Schneebesen vermengen. Das Mineralwasser kurz, aber sorgfältig unterheben.
- Die flüssigen Zutaten zu den trockenen geben und alles kurz, aber sorgfältig verrühren.
- Den Teig auf die Formen aufteilen und ca. 15 Minuten backen. Bei Muffinformen verlängert sich die Backzeit um weitere 10 Minuten.

Himmlisch für Körper und Seele, weil …

… gesund essen nicht immer nur bedeutet, dass man rohes Gemüse essen muss. Wer sich bis hierhin durch das Buch gekocht hat, wird das sicher bemerkt haben. Eine bewusste Ernährung bedeutet nicht, auf geliebte Dinge verzichten zu müssen. Man sollte sich niemals Dinge verbieten, sondern das Leben und auch Essen bewusst genießen. Ein Schokoriegel, für den man sich hinsetzt und sich bewusst Zeit nimmt, ist definitiv gesünder als ein Schokoriegel, den man auf die Schnelle in sich hineinstopft. Es kommt also nicht nur darauf an, was wir essen, sondern auch wie und in welcher Gesellschaft wir essen.

70 MIN.

DER UNIVERSALE HYGGE-BLECHKUCHEN

Saisonale Blechkuchen sind für mich der Innbegriff von Hygge. Das dänische Lebensgefühl steht in meinen Augen für diese gemütlichen Sonntage, an denen man als Kind dreckig vom Spielen ins Haus kam und sich mit einer heißen Schoki und frisch gebackenem Kuchen gestärkt hat.

Für 1 kleines Backblech (40 × 27 cm)

100 g gemahlene Mandeln
200 g glutenfreie Mehlmischung (Seite 40) oder Dinkelmehl Type 1050
1 EL Pfeilwurzelstärke (nur bei der glutenfreien Variante)
15 g Weinstein-Backpulver
1 Prise Vanillepulver
1 Prise Kardamom
1 Prise Meer- oder Steinsalz
125 ml pflanzlicher Joghurt (z.B. Kokosjoghurt)
150 g Kokosblütenzucker
120 ml mildes Olivenöl
Saft und Schale von ½ Bio-Zitrone
120 ml Mineralwasser mit Kohlensäure
400 g Rhabarber
2 EL Ahornsirup
Erdbeeren zum Servieren

Für das Topping

100 g gemahlene Mandeln
30 g natives Kokosöl
20 g feine (glutenfreie) Haferflocken
1 Prise Meer- oder Steinsalz

- Den Backofen auf 160 °C Umluft (180 °C Ober- und Unterhitze) vorheizen.
- Die Mandeln zusammen mit dem Mehl (und ggf. der Pfeilwurzelstärke), dem Backpulver, dem Vanillepulver, dem Kardamom und dem Salz in einer Schüssel gut vermengen. In einer zweiten Schüssel den Joghurt mit dem Kokosblütenzucker, dem Olivenöl und dem Zitronensaft und der -schale leicht schaumig schlagen. Die nassen Zutaten zu den trockenen geben und gut vermengen. Zum Schluss kurz, aber sorgfältig das Mineralwasser unterheben. Den Teig auf ein mit Backpapier ausgelegtes Backblech gießen.
- Harte Stücke des Rhabarbers entfernen, den Rhabarber in gleich große Stücke schneiden und mit dem Ahornsirup vermengen. Die Stücke auf dem Kuchen verteilen. Für das Topping die Mandeln mit dem weichen Kokosöl, den Haferflocken und dem Salz mit den Händen vermengen und über dem Kuchen verteilen.
- Den Kuchen ca. 40–50 Minuten backen und vor dem Anschneiden etwas auskühlen lassen.
- Mit frischen Erdbeeren servieren und mit der Familie oder Freunden genießen.

Varianten: Je nach Saison kann der Kuchen mit Blaubeeren, Himbeeren, Kirschen, Aprikosen oder Zwetschgen zubereitet werden. Die Menge an Obst muss dann ggf. angepasst werden, damit der ganze Kuchen bedeckt wird. Für ein Blech benötigt man ca. 600–800 g Steinobst.

35 MIN.

ZUCCHINI-BROWNIES

Dieses Rezept stammt von meiner Schwester May Britt. Es ist WG-getestet, prima für den kleinen Geldbeutel und schmeckt so gut, dass es niemandem auffallen wird, dass in den Brownies Gemüse versteckt ist. Die Zucchini sorgt dafür, dass die Brownies richtig schön saftig werden. Nebenbei liefert sie noch ein paar Vitalstoffe. Ein weiterer Pluspunkt: Ihr braucht keine teuren Küchengeräte für die Zubereitung, lediglich eine Gemüseraspel.

Für 12 Brownies

300 g Zucchini
80 g Buchweizenmehl
50 g gemahlene Mandeln
½ TL Weinstein-Backpulver
30 g Rohkakao
¼ TL Meer- oder Steinsalz
30 g Apfelmark
100 g Kokosblütenzucker
30 g natives Kokosöl
30 g vegane Zartbitterschokolade, mindestens 70 % Kakaoanteil (optional)

- Den Backofen auf 180 °C Umluft (200 °C Ober- und Unterhitze) vorheizen.
- Die Zucchini mit der feinen Seite einer Küchenraspel raspeln. Das Buchweizenmehl mit den Mandeln, dem Backpulver, dem Rohkakao und dem Salz in einer Schale vermengen.
- Das Kokosöl in einem Kochtopf leicht erhitzen. In einer weiteren Schale das Apfelmark mit dem Kokosblütenzucker und dem flüssigen Kokosöl verrühren.
- Die nassen Zutaten zu den trockenen geben und mit einem Holzlöffel gut miteinander vermengen. Zum Schluss die Zucchiniraspel unterheben und den Teig in eine eingefettete oder mit Backpapier ausgelegte Backform geben und glatt streichen. Optional die Zartbitterschokolade hacken und über dem Teig verteilen.
- Die Brownies ca. 20–25 Minuten backen und vor dem Anschneiden komplett auskühlen lassen.

Küchentipp: Bio-Zartbitterschokolade enthält häufig Roh-Rohrzucker. Firmen wie Vivani oder Rapunzel haben Tafeln, die mit Kokosblütenzucker gesüßt sind. Wer komplett auf Rohrzucker verzichten möchte, kann seine Schokolade auch selber machen. Dafür 150 g Kakaobutter über dem Wasserbad schmelzen und mit 9 EL Rohkakao und 30 ml Ahornsirup oder Kokosblütenzucker vermengen. Auf einem mit Backpapier ausgelegten Backblech erkalten lassen.

Himmlisch für Körper und Seele, weil …

… diese Brownies auf die Masse gerechnet nur sehr wenig Zucker enthalten. Ganz ohne Zucker schmecken sie leider nicht, doch im Vergleich zu traditionellen Brownies ist die Menge sehr reduziert. Neben dem niedrigen Zuckergehalt sorgen die Mandeln für Ballaststoffe und gute Fette und das Buchweizenmehl liefert hochwertige Mineralstoffe wie Magnesium, das entspannend wirkt. So schmecken diese Brownies doch gleich doppelt gut!

60 MIN.

KICHERERBSEN-BLONDIES

Die perfekten Blondies sind außen leicht knusprig und innen schön saftig und fluffig. Diese Blondies sind genau das. Die geheime Zutat, die dafür verantwortlich ist, ist Kichererbsenwasser, auch Aquafaba genannt. Das kann man nämlich aufschlagen wie Eischnee und es verleiht Gebäck eine ähnliche, fluffige Konsistenz. Das Wichtigste in diesem Rezept ist allerdings die Schokolade, die diese Blondies zu einer dekadenten, aber gesunden Süßigkeit macht.

Für 12 Blondies

1 Glas oder Dose Kichererbsen (400 g), davon 125 ml Kichererbsenwasser auffangen
90 g Kokosblütenzucker
1 TL Weinstein-Backpulver
100 g gemahlene Mandeln
150 g Erdnussmus (oder Nussmus nach Wahl)
1 Prise Vanille
1 Prise Salz
50 g Zartbitterschokolade (mindestens 70 % Kakao), gekauft oder selbst gemacht (Seite 227)

- Den Backofen auf 160 °C Umluft (180 °C Ober- und Unterhitze) vorheizen und eine Backform mit Backpapier auslegen.
- Das Kichererbsenwasser mit einem Handrührgerät ca. 3 Minuten lang zu einer eischneeähnlichen Masse schlagen. Den Kokosblütenzucker langsam hineinrieseln lassen.
- Alle Zutaten außer der Schokolade in einem Mixer oder einem Food Processor zu einem glatten Teig vermengen und in eine Schüssel umfüllen. Das aufgeschlagene Kichererbsenwasser einrühren und anschließend 40 g der gehackten Schokolade mit einem Spatel in den Teig einarbeiten. Alles in die Backform geben und glattstreichen. Den Rest der Schokolade über dem Teig verteilen und ca. 30–35 Minuten backen.
- Die Blondies vor dem Anschneiden unbedingt ca. 20–30 Minuten auskühlen lassen. In dieser Zeit verfestigt sich die Konsistenz.

Himmlisch für Körper und Seele, weil …

… diese süße Versuchung zum größten Teil aus Kichererbsen besteht. Die schmecken nämlich nicht nur im Hummus, sondern sind auch eine prima Grundlage im gesunden Gebäck. Kichererbsen sind übrigens ganz besonders wertvolle Lebensmittel. Sie bestehen zu zwei Dritteln aus Ballaststoffen, die im Körper unverdaut bis in den Dickdarm gelangen. Auf dem Weg dorthin regen sie die Darmperistaltik an und helfen dem Darm, sich zu säubern. Im Dickdarm werden sie dann von den guten Darmbakterien mit einem Hurra! empfangen. Die Probiotika zerlegen die unverdaulichen Fasern in kurzkettige Fettsäuren, wie z.B. Buttersäure, die von den Zellwänden im Dickdarm aufgenommen und als Energiequelle genutzt werden können. Gerade Buttersäure ist eine beliebte Energiequelle für die Zellen rund um den Darm. Die Ballaststoffe in Kichererbsen helfen also besonders dabei, ein gutes Darmmilieu zu schaffen und die Darmschleimhaut gesund zu halten.

Varianten: Wer keine Küchenmaschine hat, püriert die Kichererbsen mit einem Pürierstab. Danach alle Zutaten mit einem Handrührgerät oder Kochlöffel vermengen.

40 MIN.
+ RUHEZEIT

HERZWAFFELN

Diese Waffeln waren das letzte Rezept, das ich für dieses Buch fertiggestellt habe, weil mir meine Waffeln immer wieder auseinandergefallen sind. Nach unzähligen Versuchen habe ich endlich den Trick herausgefunden: Er lautet Zeit. Sowohl die Leinsamen als auch der gesamte Waffelteig brauchen Ruhezeit, um die benötigte Bindekraft herzustellen. Lasst den Teig also bitte wie angegeben 30 Minuten stehen, bevor ihr die Waffeln backt. Auch die dickflüssige Konsistenz des Teigs ist Teil des Geheimnisses dieser knusprigen Waffeln.

Für 6 Waffeln

3 EL helle, geschrotete Leinsamen
6 EL Wasser
300 ml (glutenfreie) Hafermilch
1 TL Apfelessig (oder Zitronensaft)
225 g (glutenfreie) Haferflocken oder Hafermehl
1 EL Weinstein-Backpulver
½ TL Zimt
1 Prise gemahlene Vanille
1 Prise Meer- oder Steinsalz
60 g natives Kokosöl + mehr für das Waffeleisen
100 g Apfelmark
1 TL Zitronenabrieb

Zum Servieren

150 g warme Beeren
2 TL pudriger Birkenzucker (optional)

- Die Leinsamen mit dem Wasser vermischen und mindestens 10 Minuten zum Andicken zur Seite stellen. Die Leinsamen müssen eine richtig schleimige Konsistenz annehmen, um als Bindemittel zu wirken. Die Hafermilch mit dem Essig oder Zitronensaft vermengen und ebenfalls zur Seite stellen.
- Die Haferflocken in einem Mixer zu feinem Mehl zermahlen oder bereits gemahlenes Hafermehl verwenden.
- Das Hafermehl mit dem Backpulver, dem Zimt, der Vanille und einer Prise Salz vermengen.
- Das Kokosöl schmelzen und mit dem Leinsamen-Mix, der Hafermilch, dem Apfelmark und dem Zitronenabrieb vermengen. Die nassen Zutaten zu den trockenen geben und kurz aber kräftig verrühren. Den Teig nun mindestens 30 Minuten ruhen lassen.
- Ein Waffeleisen auf mittlerer Stufe erhitzen und mit etwas Kokosöl einfetten. Eine kleine Kelle des Teigs hineingeben und so lange backen, bis das Licht des Waffeleisens nicht mehr leuchtet. Vegane Waffeln wie diese brauchen aber meistens etwas länger, bis der Teig durchgebacken ist.
- Die Waffel herausnehmen und auf einem Kuchengitter abkühlen lassen, damit sie knusprig bleibt. Die Prozedur mit dem restlichen Teig wiederholen.
- Für die Sauce die Beeren in einen kleinen Topf geben und auf niedriger Hitze erwärmen.
- Die Waffeln mit den warmen Beeren und ggf. Birkenzucker oder einfach pur genießen.

Küchentipp: Vegane Waffeln müssen erfahrungsgemäß etwas länger backen als Waffeln mit Eiern. Sollten eure Waffeln trotz Ruhezeit des Teigs dennoch auseinanderfallen, dann einfach die obere Hälfte vorsichtig herunterdrücken und noch ein paar Minuten weiterbacken.

<30 · 25 MIN.

APFEL-PFANNKUCHEN MIT ZIMT UND ZUCKER

Wenige Dinge rufen bei mir solch starke Kindheitserinnerungen hervor wie Apfel-Pfannkuchen. Besonders, wenn es sie zum Mittagessen und nicht als Nachtisch gab. Ganz wichtig waren dabei immer Zimt und Zucker oder Apfelmark, ohne die Apfel-Pfannkuchen nicht vollständig sind. Auch heute mache ich mir häufig zum Mittagessen zwei Pfannkuchen oder überrasche Freunde damit.

Für 4 Pfannkuchen

3 EL geschrotete, helle Leinsamen
5 EL Wasser
120 g (glutenfreies) Buchweizenmehl
1 TL Weinstein-Backpulver
1 TL Zimt
4 EL Ahornsirup
120 ml (glutenfreie) Hafermilch
120 ml Mineralwasser mit Kohlensäure
2 Äpfel
1 EL frischer Zitronensaft
natives Kokosöl zum Braten
Apfelmark zum Servieren

Für den Zimt und Zucker

1 TL Zimt
2 EL Kokosblütenzucker

- Die Leinsamen mit dem Wasser vermengen und zum Andicken 10 Minuten zur Seite stellen.
- Das Buchweizenmehl mit dem Backpulver und dem Zimt vermengen. Den Ahornsirup mit den Leinsamen und der Hafermilch verquirlen.
- Die trockenen Zutaten zu den nassen geben und gut verrühren. Zum Schluss das Mineralwasser dazugeben und kurz, aber sorgfältig unterrühren. Den Teig einige Minuten zum Setzen zur Seite stellen.
- Die Äpfel in Scheiben schneiden und mit etwas Zitronensaft beträufeln.
- 1 TL Kokosöl in einer Pfanne erhitzen. Pro Pfannkuchen etwa 9 Apfelscheiben im Sonnenmuster in der Pfanne verteilen und eine weitere in die Mitte legen. Die Äpfel ca. 1 Minute anbraten, dann vorsichtig eine Kelle Teig zwischen und über den Apfelstücken kreisrund verteilen. Den Pfannkuchen auf mittlerer Hitze ca. 2 Minuten braten, bis sich überall Bläschen gebildet haben. Dann vorsichtig umdrehen und von der anderen Seite ebenfalls 2 Minuten anbraten. Das Ganze mit dem restlichen Teig und den Äpfeln wiederholen.
- Zimt und Kokosblütenzucker vermengen und die Pfannkuchen damit und mit Apfelmark genießen.

Himmlisch für Körper und Seele, weil ...

... Äpfel der Inbegriff der Gesundheit sind. Zumindest hierzulande. Die Kraft der Äpfel steckt besonders im enthaltenen Pektin, einem Ballaststoff, der unter anderem schlechtes Cholesterin im Darm bindet und so das Cholesterin-Level im ganzen Körper kontrolliert. Außerdem wirken Äpfel entzündungshemmend, stärken das Immunsystem und helfen bei Atemwegsbeschwerden und Allergien.

60 MIN.

EINFACHER ZWETSCHGEN-BLECHKUCHEN

Egal ob mit Hefeteig oder mit Quark-Öl-Teig: Ich könnte mich in Zwetschgenkuchen reinlegen. Da es bisher fast nur Sojaquark in Deutschland zu kaufen gibt, habe ich meinen eigenen, sojafreien Teig entwickelt, der Quark-Öl-Teig von der Konsistenz her sehr ähnelt. Er lässt sich prima verarbeiten und schmeckt mit den leicht zimtigen Zwetschgen himmlisch nach Spätsommer.

Für 1 Blech

Für den Teig

2 EL (gemahlene) Chiasamen (siehe Küchentipp)
6 EL Wasser
100 ml (glutenfreie) Hafermilch
1 TL Apfelessig
300 g Dinkelmehl Type 1050 (für die glutenfreie Variante siehe Küchentipp)
40 g Kokosblütenzucker
3 gestrichene TL Weinstein-Backpulver
1 Prise Meer- oder Steinsalz
70 ml mildes Olivenöl
100 ml Mineralwasser mit Kohlensäure
3 EL Mandelblättchen

Für die Zwetschgen

1 kg Zwetschgen
1 EL Kokosblütenzucker
1 TL Zimt

- Die Chiasamen mit 6 EL Wasser vermengen und zur Seite stellen. Nach ein paar Minuten noch einmal verrühren. Den Chia-Mix mit der Hafermilch und dem Apfelessig vermengen und zur Seite stellen.
- Die Zwetschgen halbieren, entkernen und vierteln. Mit dem Kokosblütenzucker und dem Zimt vermengen und zur Seite stellen.
- Den Backofen auf 160 °C Umluft (180 ° Ober- und Unterhitze) vorheizen.
- Für den Teig alle trockenen Zutaten in einer Schüssel vermengen. Die angedickte Chia-Hafermilch und das Olivenöl mithilfe eines Schneebesens glatt rühren und zum Schluss kurz das Mineralwasser unterrühren. Die nassen zu den trockenen Zutaten geben und kurz, aber sorgfältig zu einem glatten Teig verkneten.
- Den Teig auf ein mit Backpapier ausgelegtes Backblech geben und mit einem feuchten Spatel oder mit den Händen verstreichen.
- Die Zwetschgen leicht in den Teig drücken und mit den Mandelblättchen bestreuen.
- Den Kuchen ca. 40 Minuten backen und am besten noch warm genießen.

Küchentipp: Für die glutenfreie Variante 300 g Buchweizenmehl, 1 TL Flohsamenschalen und 1 EL Pfeilwurzelstärke (oder Kartoffelstärke) vermengen und anstelle des Dinkelmehls verwenden. Da sich der glutenfreie Teig nicht so gut verteilen lässt wie der glutenhaltige, empfehle ich, alle Zutaten für die glutenfreie Variante um jeweils ein Drittel zu erhöhen, um ein ganzes Standardblech zu füllen. Anstelle von Chiasamen können auch geschrotete Leinsamen verwendet werden.

15 MIN. + AUSKÜHLZEIT

DIE BESTE SELBST GEMACHTE SCHOKOLADE

Diese Schokolade habe ich nun das zweite Jahr in Folge meinen Freunden zu Weihnachten geschenkt. Vor einigen Jahren hat mir nämlich eine liebe Leserin bei einem Adventskaffeetrinken eine so köstliche selbst gemachte Schokolade geschenkt, dass ich das Label ihrer Schokolade bis heute aufbewahrt habe. Ihre geheime Zutat: in Ahornsirup karamellisierte Pekannüsse. Ich habe für diese Variante Mandeln verwendet, da Pekannüsse schwerer zu finden sein können. Ansonsten verändere ich die Schokolade jede Weihnachten nach Lust und Laune und freue mich immer wieder über die Gesichter der Beschenkten.

Für 180 g Schokolade

40 g Mandeln
2 EL Ahornsirup
70 g Kakaobutter
50 g weißes Mandelmus
15 g Rohkakao
½ TL Zimt
1 Prise Vanillepulver
1 EL Hanfsamen
1 Prise grobes Meersalz

- Die Mandeln hacken. 1 EL Ahornsirup in einer Pfanne erhitzen und die Mandeln dazugeben und karamellisieren.
- Die Kakaobutter über dem Wasserbad schmelzen. Mandelmus, Rohkakao, 1 EL Ahornsirup, Zimt und Vanille unterrühren. Die warme Schokolade auf ein mit Backpapier ausgelegtes Backblech gießen. Die karamellisierten Mandeln über der Schokolade verteilen und mit Hanfsamen und Meersalz bestreuen.
- Im Kühlschrank mindestens 1 Stunde auskühlen lassen und dann mit den Händen brechen. Die Schokolade hält sich im Kühlschrank einige Wochen.

Himmlisch für Körper und Seele, weil …

… rohe, selbst gemachte Schokolade alles andere als ungesund ist. Die in Kakao vorhandenen Flavonoide wirken antioxidativ und können die Zellen so vor den Einflüssen freier Radikale schützen. Kakao ist ebenfalls eine sehr gute Magnesiumquelle. Magnesium wirkt entzündungshemmend, ist gut für unser Herz, entspannt die Muskulatur und lindert sogar Kopfschmerzen. Wer also während der Periode Lust auf Schokolade hat, sollte diesem Gelüst unbedingt nachgeben.

10 MIN.

DREI WELLNESS-LATTES

Ich liebe ja meine Kurkuma-Latte (Seite 36), doch zur Abwechslung trinke ich auch gerne einen der folgenden Wellness-Lattes. Sie schmecken nicht nur himmlisch, sondern tun unserem Körper auch noch gut. Alle Rezepte sind koffeinfrei und stressen den Körper somit nicht. Keines der Rezepte enthält teure Superfoods, sondern nur normale Zutaten, die in jedem Supermarkt zu finden sind.

Für 1 Kardamom-Latte

250 ml (glutenfreie) Hafermilch
¼ TL gemahlener Kardamom
½ TL Zimt
1 Prise Muskatnuss
1 Prise gemahlene Nelken
1 Prise Vanillepulver
1 TL Honig oder Ahornsirup

- Die pflanzliche Milch in einem Topf erwärmen und die Gewürze und den Honig unterrühren. Mit einem Handaufschäumer aufschäumen oder in einem Mixer pürieren.

Für 1 heiße Haselnuss-Schokolade

250 ml (glutenfreie) pflanzliche Milch (am besten Haselnuss- oder Hafermilch)
1 TL Haselnussmus
1 EL Rohkakao
1 TL Honig oder Ahornsirup
1 winzige Prise Meer- oder Steinsalz

- Die pflanzliche Milch in einem Topf erwärmen und Haselnussmus, Rohkakao, Honig und Salz unterrühren. Den Inhalt mit einem Handaufschäumer aufschäumen oder in einem Mixer pürieren.

Für 1 Südafrikanischen Roiboos-Cappuccino

200 ml (glutenfreie) Hafermilch
60 ml aufgebrühter Roiboostee
1 TL Honig oder Ahornsirup
½ TL Zimt

- Die pflanzliche Milch in einem Topf erwärmen und anschließend aufschäumen. Den heißen Tee in eine Tasse geben und mit dem Honig und dem Zimt verrühren. Die aufgeschäumte Milch in den Tee gießen und warm oder eisgekühlt genießen.

BEISPIELHAFTER WOCHENPLAN

	Frühstück	Mittag
Montag	Beeren-Birchermüsli (Seite 51)	Marokkanische Glow-Bowl (Seite 88)
Dienstag	Schnelle Brote auf die Hand (Seite 64)	Geröstete Süßkartoffel-Tomatensuppe (Seite 119)
Mittwoch	Quinoa-Feigen-Müsliriegel (Seite 63)	„Feel-Good"-Sommer-Linguine (Seite 124)
Donnerstag	Sommerliches, gepufftes Granola mit Hafermilch (Seite 56)	Thai-Curry-Nudeln (Seite 128)
Freitag	Blaubeer-Joghurt mit Buchweizen-Granola (Seite 60)	Chorta mit vorgekochter Hirse (Seite 104)
Samstag	Pancakes (Seite 83)	Erdnuss-Lauchsuppe (Seite 108)
Sonntag	Last-Minute-Vollkornbrötchen (Seite 71)	Brotsalat mit übrigem Brot der Woche (Seite 150)

Snack	Abendessen Koche die doppelte Menge für den nächsten Tag
Aprikose-Zitronen-Energy-Balls (Seite 210)	Geröstete Süßkartoffel-Tomatensuppe (Seite 119)
Gefüllte Datteln mit Gurke & Zitrone (Seite 210)	„Feel-Good"-Sommer-Linguine (Seite 124)
Omega-3-Kräuter-Cracker mit Erbsendip (Seite 213)	Thai-Curry-Nudeln (Seite 128)
Quinoa-Feigen-Müsliriegel (Seite 63)	Chorta mit vorgekochter Hirse (Seite 104)
Die beste selbst gemachte Schokolade (Seite 236)	Burger-Bowl (Seite 192) (Hirse & Quinoa für Pizza am Samstag einweichen)
Himmlische Madeleines (Seite 222)	Quinoa-Hirse-Pizza (Seite 194)
Der ultimative Hygge-Blechkuchen (Seite 224)	Quinoa-Gemüselasagne (Seite 185)

Register

A
Äpfel 233
  Apfel-Pfannkuchen mit Zimt und Zucker 233
  Glowing Golden Porridge 55
  Kimchi 42
Apfelmark 30
  Apfel-Pfannkuchen mit Zimt und Zucker 233
  Goldene-Milch-Granola 59
  Quinoa-Feigen-Müsliriegel 63
  Schokoladen-Lavakuchen 217
  Zucchini-Brownies 227
Aprikosen: Aprikosen-Zitronen-Energy-Balls 210
Asiatische Gemüsepfanne 176
Asiatischer Bratreis 146
Auberginen, Mediterrane Gemüsepfanne 175
Auflauf
  Einfacher Nudelauflauf 149
  Spitzkohl-Pasta mit Walnuss-Crunch 139
Aufstriche: Drei einfache Aufstriche 77
Avocados
  Schnelle Brote auf die Hand 64
  Süßkartoffeln mit Burrito-Füllung 202
Ayurveda 55
  Ayurvedisches Kürbis-Linsen-Blech 127
  Ayurvedisches Montags-Gemüse-Dal 112

B
B12 29
Backmischung: Pancake-Backmischung 83
Bärlauch: Herzhafte Bärlauch-Polenta-Muffins 84
Bananen 221
  Kindererinnerungen-Brotdose 168
  Pancake-Backmischung 83
  Quinoa-Feigen-Müsliriegel 63
  Schnelle Brote auf die Hand 64
  Simpler Bananenkuchen 157
  Smoothie-Meal-Prep 171
Basische Brokkolistamm- und-Rucola-Suppe 145
Beeren 16
  Beeren-Birchermüsli 51
  Blaubeer-Dressing 161
  Brombeer-Blaubeer-Marmelade 74
  Der universale Hygge-Blechkuchen 224
  Herzwaffeln 230
  Saisonale Frühstücksgläser mit Kompott 78
  Schnelle Brote auf die Hand 64
  Smoothie-Meal-Prep 171
Birchermüsli 51
  Beeren-Birchermüsli 51
Blaubeeren 16
  Blaubeer-Dressing 161
  Brombeer-Blaubeer-Marmelade 74
  Smoothie-Meal-Prep 171
Blechkuchen
  Der universale Hygge-Blechkuchen 224
  Einfacher Zwetschgen-Blechkuchen 235
Blitzschnelle Paprikapasta 91
Bratreis: Asiatischer Bratreis 146
Brotsalat (Panzanella) 150
Blumenkohl 16
  Ayurvedisches Montags-Gemüse-Dal 112
  Einfacher Nudelauflauf 149
  Kurkuma-Gemüsepfanne 177
  Tiefkühler-Pfannencurry 107
  Wochenmarkt-Nudelsalat 103
Bohnen 198
  Brotsalat (Panzanella) 150
  Chorta – Griechisches Blattgemüse mit Brokkoli und Bohnen 104
  Geröstete Süßkartoffel-Tomatensuppe 119
  Karotten-Bohnendip 168
  Kürbis-Walnuss-Chili 206
  Süßkartoffeln mit Burrito-Füllung 202
  Vier Schichtsalate für die Woche 160
Bolognese: Die beste Familien-Bolognese 181
Bowl
  Burger-Bowl 192
  Cajun-Quinoa-Bowl 100
  Marokkanische Glow Bowl 88
Brokkoli 145
  Arabische Gemüsepfanne 176
  Asiatische Gemüsepfanne 176
  Asiatischer Bratreis 146
  Ayurvedisches Montags-Gemüse-Dal 112
  Basische Brokkolistamm- und Rucola-Suppe 145
  Chorta – griechisches Blattgemüse mit Brokkoli und Bohnen 104
  Smoothie-Meal-Prep 171
  Thai-Erdnuss-Nudelsuppe 135
Brot
  Brotsalat (Panzanella) 150
  Geröstete Süßkartoffel-Tomatensuppe 119
  Pfannenbrote 99
  Schnelle Brote auf die Hand 64
Brötchen
  Dinkelvollkorn-Burgerbrötchen 189
  Glutenfreie Hanfsamen-Omega-3-Brötchen 68
  Grillbrötchen mit Rosmarin, Tomaten & Oliven 201
  Last-Minute-Vollkornbrötchen 71
  Süße Zimtbrötchen 72
Brombeeren: Brombeer-Blaubeer-Marmelade 74
Brotdosen
  Kindheitserinnerungen-Brotdose 168
  Mediterrane Brotdose 164
  Orientalische Brotdose 163
  Winterliche Brotdose 167
Brownies: Zucchini-Brownies 227
Buchweizen 60, 227
  Apfel-Pfannkuchen mit Zimt und Zucker 233
  Buchweizen-Granola 60
  Crêpes mit Schokoladensauce 81
  Einfacher Zwetschgen-Blechkuchen 235
  Glutenfreie Hanfsamen-Omega-3-Brötchen 68
  Kürbis-Walnuss-Chili 206
  Omega-3-Kräuter-Cracker mit Erbsendip 213
  Super-Naan (Pfannenbrot) 99
  Süße Zimtbrötchen 72
  Zucchini-Brownies 227
Burger, Pattys & Bratlinge
  Burger-Bowl 192
  Dinkelvollkorn-Burgerbrötchen 189
  Erbsentaler 164
  Kichererbsen-Burger 190
  Rote-Bete-Bratling 167
Burrito: Süßkartoffeln mit Burrito-Füllung 202

C
Cajun-Quinoa-Bowl 100
Cashewkerne
  Aprikosen-Zitronen-Energy Balls 210
  Asiatischer Bratreis 146
  Die beste Familien-Bolognese 181
  Einfacher Nudelauflauf 149
  Massaman-Curry 132

Smoothie-Meal-Prep 171
Sommerliches, gepufftes Granola 56
Champignons
Asiatische Gemüsepfanne 176
Burger-Bowl 192
Die beste Familien-Bolognese 181
Goldener Herbstsalat mit Rote-Bete-Stängeln 154
Kichererbsen-Burger 190
Mini-Socca-Pizza 116
Quinoa-Gemüselasagne 185
Quinoa-Hirse-Pizza 194
Winterliche Brotdose 167
Wochenmarkt-Nudelsalat 103
Chili
Kürbis-Walnuss-Chili 206
Chorta – Griechisches Blattgemüse mit Brokkoli und Bohnen 104
Cracker: Omega-3-Kräuter-Cracker mit Erbsendip 213
Crêpes: Crêpes mit Schokoladensauce 81
Croûtons, Geröstete Süßkartoffel-Tomatensuppe 119
Curry
Massaman-Curry 132
Thai-Curry-Nudeln 128
Tiefkühler-Pfannencurry 107
Currypasten 41

D
Dal: Ayurvedisches Montags-Gemüse-Dal 112
Datteln 30, 47, 88
Gefüllte Datteln mit Gurken & Zitrone 210
Hanf-Limetten-Energy-Balls 168
Marokkanische Glow Bowl 88
Müsli-Happen 47
Orientalische Brotdose 163
Schoko-Datteln 210
Die beste Familien-Bolognese 181
Die beste selbst gemachte Schokolade 236
Dinkel 29
Asiatischer Bratreis 146
Brotsalat (Panzanella) 150
Der universale Hygge-Blechkuchen 224
Dinkelvollkorn-Burgerbrötchen 189
Einfacher Zwetschgen-Blechkuchen 235
Grillbrötchen mit Rosmarin, Tomaten & Oliven 201
Kindheitserinnerungen-Brotdose 168
Last-Minute-Vollkornbrötchen 71
Pancake-Backmischung 83
Pasta Celestiale 95
Rote-Bete-Kurkuma-Nudeln 120
Schokoladen-Lavakuchen 217
Simpler Bananenkuchen 157
Super-Naan (Pfannenbrot) 99
Süße Zimtbrötchen 72
Dip
Erbsendip 213
Hummus 38
Drei schnelle Snacks für zwischendurch 210
Drei Wellness-Lattes 239
Dressings
Blaubeer-Dressing 161
Curry-Joghurt-Dressing 161
Honig-Senf-Dressing 154
Olivenöl-Dressing 161
Orangen-Dressing 127
Zitronen-Dressing 96
Dukkah 38

E
Ein-Blech-Süßkartoffelecken mit Kichererbsen 123
Einfacher Nudelauflauf 149
Einfacher Zwetschgen-Blechkuchen 235
Eintöpfe 10
Mangold-Linsen-Eintopf 205
Wärmender Kartoffel-Bohnen-Eintopf 198
Erbsen 10, 13, 210
Arabische Gemüsepfanne 176
Asiatischer Bratreis 146
Ayurvedisches Montags-Gemüse-Dal 112
Erbsentaler 164
Mediterrane Brotdose 164
Omega-3-Kräuter-Cracker mit Erbsendip 213
Tiefkühler-Pfannencurry 107
Erdbeeren 16
Der universale Hygge-Blechkuchen 224
Kindheitserinnerungen-Brotdose 168
Rhabarber-Erdbeer-Overnight-Oats 52
Saisonale Frühstücksgläser mit Kompott 78
Schnelle Brote auf die Hand 64
Schokoladen-Lavakuchen 217
Smoothie-Meal-Prep 171
Sommerliches, gepufftes Granola 56
Erdnüsse
Erdnuss-Lauchsuppe 108
Erdnuss-Lauchsuppe 108
Erdnussmus
Thai-Curry-Nudeln 128
Thai-Erdnuss-Nudelsuppe 135

F
Fattoush-Salat: Mezze-Teller mit Fattoush-Salat 96
„Feel-Good“-Sommer-Linguine 124
Feigen: Quinoa-Feigen-Müsliriegel 63
Fenchel 16, 108
Cajun-Quinoa-Bowl 100
Mini-Socca-Pizza 116
Welkes-Gemüse-Rosmarin-Suppe 142
Fenchelsamen
Cajun-Quinoa-Bowl 100
Dukkah 38
„Feel-Good“-Sommer-Linguine 124
Kürbis-Walnuss-Chili 206
Wärmender Karoffel-Bohnen-Eintopf 198
Zerquetschte Kartoffeln mit Pistazien-Pesto 197
Fermentiertes: Kimchi 42
Frühlingspesto 115
Frühstücksgläser, Saisonale Frühstücksgläser mit Kompott 78

G
Gebackenes, wirklich zuckerfreies Müsli 37
Gefriergetrocknete Erdbeeren
Sommerliches, gepufftes Granola 56
Gefüllte Kichererbsen-Wraps 136
Gemüsebrühepaste 40
Gemüsepfannen 175
Arabische Gemüsepfanne 176
Asiatische Gemüsepfanne 176
Kurkuma-Gemüsepfanne 177
Mediterrane Gemüsepfanne 175
Gepufftes Getreide
Müsli-Happen 47
Quinoa-Feigen-Müsliriegel 63
Sommerliches, gepufftes Granola 56
Geröstete Süßkartoffel-Tomatensuppe 119
Geschmierte Brote 64
Getrocknete Tomaten
Burger-Bowl 192
Cajun-Quinoa-Bowl 100

Die beste Familien-Bolognese 181
Drei einfache Aufstriche 77
Einfacher Nudelsalat 149
Grillbrötchen mit Rosmarin, Tomaten & Oliven 201
Herzhafte Bärlauch-Polenta-Muffins 84
Mediterrane Brotdose 164
Mini-Socca-Pizza 116
Quinoa-Gemüselasagnes 185
Quinoa-Hirse-Pizza 194
Wochenmarkt-Nudelsalat 103
Zerquetschte Kartoffeln mit Pistazien-Pesto 197

Glowing Golden Porridge 55
Glutenfreie Mehlmischung 40
Glutenfreie Omega-3-Hanfsamen-Brötchen 68
Goldene Milch: Kurkuma-Latte-Gewürzmischung 59
Goldener Herbstsalat mit Rote-Bete-Stängeln 154
Granola
Buchweizen-Kokos-Granola 60
Goldene Milch Granola 59
Sommerliches, gepufftes Granola 56
Grüne Bohnen: Wärmender Kartoffel-Bohnen-Eintopf 198
Gurke 16
Gefüllte Datteln mit Gurke & Zitrone 210
Gefüllte Kichererbsen-Wraps 136
Mediterrane Brotdose 164
Smoothie-Meal-Prep 171
Taboulé 163
Vier Schichtsalate für die Woche 160

H

Haferflocken 26, 29, 51
Beeren-Birchermüsli 51
Buchweizen-Granola 60
Crêpes mit Schokoladensauce 81
Der universale Hygge-Blechkuchen 224
Gebackenes, wirklich zuckerfreies Müsli 37
Glowing Golden Porridge 55
Glutenfreie Omega-3-Hanfsamen-Brötchen 68
Goldene-Milch-Granola 59
Herzwaffeln 230
Mediterrane Brotdose 164
Müsli-Happen 47
Pancake-Backmischung 83
Quinoa-Feigen-Müsliriegel 63
Rhabarber-Erdbeer-Overnight-Oats 52
Rote-Bete-Bratlinge 167
Saisonale Frühstücksgläser mit Kompott 78
Simpler Bananenkuchen 157
Smoothie-Meal-Prep 171
Sommerliches, gepufftes Granola 56
Süße Zimtbrötchen 72
Warme Pfirsich-Kardamom-Overnight Oats 48
Hanfsamen 68, 213
Die beste selbst gemachte Schokolade 236
Glutenfreie Omega-3-Hanfsamen-Brötchen 68
Hanf-Limetten-Energy-Balls 168
Omega-3-Kräuter-Cracker 213
Schnelle Brote auf die Hand 64
Smoothie-Meal-Prep 171
Haselnüsse
Blitzschnelle Paprikapasta 91
Crêpes mit Schokoladensauce 81
Dukkah 38
Gebackenes, wirklich zuckerfreies Müsli 37
Vier Schichtsalate für die Woche 160
Haselnussmus
Crêpes mit Schokoladensauce 81
Drei Wellness-Lattes 239
Ruckzuck-Schokoladencreme 74
Herzhafte Bärlauch-Polenta-Muffins 84
Himmlische Madeleines (oder einfache Muffins) 222
Hirse 15, 25, 27
Glutenfreie Mehlmischung 40
Mediterrane Gemüsepfanne 175
Mezze-Teller mit Fattoush-Salat 96
Müsli-Happen 47
Orientalische Brotdose 163
Quinoa-Hirse-Pizza 194
Vier Schichtsalate für die Woche 160
Wärmender Kartoffel-Bohnen-Eintopf 198
Hummus 38
Gefüllte Kichererbsen-Wraps 136
Grüne Wraps 163
Mezze-Teller mit Fattoush-Salat 96
Orientalische Brotdose 163
Hygge: Der universale Hygge-Blechkuchen 224

I

Immer-auf-Vorrat-Rezepte 33
Instant-Nussmilch 34

J

Joghurt
Beeren-Birchermüsli 51
Blaubeer-Kokosjoghurt 60
Curry-Joghurt-Dressing 161
Der universale Hygge-Blechkuchen 224
Ein-Blech-Süßkartoffelecken mit Kichererbsen 123
Herzwaffeln 230
Rhabarber-Erdbeer-Overnight-Oats 52
Saisonale Frühstücksgläser mit Kompott 78
Super-Naan (Pfannenbrot) 99
Süße Zimtbrötchen 72

K

Kardamom
Der universale Hygge-Blechkuchen 224
Drei Wellness-Lattes 239
Goldene-Milch-Granola 59
Herzwaffeln 230
Kardamom-Latte 239
Kurkuma-Latte-Gewürzmischung 36
Massaman-Curry 132
Müsli-Happen 47
Pancake-Backmischung 83
Saisonale Frühstücksgläser mit Kompott 78
Warme Pfirsich-Kardamom Overnight Oats 48
Karotten
Ayurvedisches Montags-Gemüse-Dal 112
Die beste Familien-Bolognese 181
Gemüsebrühepaste 40
Kimchi 42
Kindheitserinnerungen-Brotdose 168
Kurkuma-Gemüsepfanne 177
Mangold-Linsen-Eintopf 205
Marokkanische Glow Bowl 88
Quinoa-Gemüselasagne 185
Wärmender Kartoffel-Bohnen-Eintopf 198
Welkes-Gemüse-Rosmarin-Suppe 142
Kartoffeln
Burger-Bowl 192
Mangold-Linsen-Eintopf 205

Ofenspargel mit Frühlingspesto 115
Wärmender Kartoffel-Bohnen-Eintopf 198
Zerquetschte Kartoffeln mit Pistazien-Pesto 197
Kichererbsen 136, 228
Ein-Blech-Süßkartoffelecken mit Kichererbsen 123
Erbsentaler 164
Gefüllte Kichererbsen-Wraps 136
Kichererbsen-Burger 190
Mediterrane Brotdose 164
Mezze-Teller mit Fattoush-Salat 96
Vier Schichtsalate für die Woche 160
Kichererbsenmehl
Gefüllte Kichererbsen-Wraps 136
Grüne Wraps 163
Herzhafte Bärlauch-Polenta-Muffins 84
Kichererbsen-Burger 190
Mini-Socca-Pizza 116
Orientalische Brotdose 163
Kimchi 42
Kindheitserinnungen-Brotdose 168
Kokosmilch
Ayurvedisches Montags-Gemüse-Dal 112
Basische Brokkolistamm- und Rucola-Suppe 145
Erdnuss-Lauchsuppe 108
Massaman-Curry 132
Thai-Curry-Nudeln 128
Thai-Erdnuss-Nudelsuppe 135
Tiefkühler-Pfannencurry 107
Wärmender Kartoffel-Bohnen-Eintopf 198
Welkes-Gemüse-Rosmarin-Suppe 142
Kürbis
Ayurvedisches Kürbis-Linsen-Blech 127
Kürbis-Walnuss-Chili 206
Kurkuma 55, 59
Glowing Golden Porridge 55
Goldene Milch Granola 59
Kurkuma-Latte-Gewürzmischung 36
Rote-Bete-Kurkuma-Nudeln 120

L

Lasagne: Quinoa-Gemüselasagne 185
Latte
Drei Wellness-Lattes 239
Kurkuma-Latte-Gewürzmischung 36
Lauch: Erdnuss-Lauchsuppe 108
Leinsamen
Apfel-Pfannkuchen mit Zimt und Zucker 233
Beeren-Birchermüsli 51
Buchweizen-Granola 60
Burger-Bowl 192
Glutenfreie Omega-3-Hanfsamen-Brötchen 68
Grillbrötchen mit Rosmarin, Tomate & Oliven 201
Herzwaffeln 230
Himmlische Madeleines 222
Kichererbsen-Burger 190
Last-Minute-Vollkornbrötchen 71
Omega-3-Kräuter-Cracker mit Erbsendip 213
Saisonale Frühstücksgläser mit Kompott 78
Schnelle Brote auf die Hand 64
Smoothie-Meal-Prep 171
Super-Naan (Pfannenbrot) 99
Warme Pfirsich-Kardamom-Overnight-Oats 48
Linsen 112
Ayurvedisches Kürbis-Linsen-Blech 127
Mangold-Linsen-Eintopf 205

M

Madeleines: Himmlische Madeleines 222
Maisgrieß: Herzhafte Bärlauch-Polenta-Muffins 84
Mandeln
Ayurvedisches-Kürbis-Linsen-Blech 127
Beeren-Birchermüsli 51
Burger-Bowl 192
Der universale Hygge-Blechkuchen 224
Die beste selbst gemachte Schokolade 236
Gebackenes, wirklich zuckerfreies Müsli 37
Glowing Golden Porridge 55
Glutenfreie Omega-3-Hanfsamen-Brötchen 68
Goldene-Milch-Granola 59
Hanf-Limetten-Energy-Balls 168
Himmlische Madeleines 222
Mandelricotta 127
Müsli-Happen 47
Ofenspargel mit Frühlingspesto 115
Orientalische Brotdose 163
Rhabarber-Erdbeer-Overnight-Oats 52
Schoko-Datteln 210
Schokoladen-Lavakuchen 217
Simpler Bananenkuchen 157
Tahin-Orangen-Kekse 214
Zucchini-Brownies 227
Mandelmus
Burger-Bowl 192
Die beste selbst gemachte Schokolade 236
Erbsentaler 164
Gefüllte Datteln 163
Gefüllte Datteln mit Gurke & Zitrone 210
Harissa-Mayo 192
Kindheitserinnerungen-Brotdose 168
Kurkuma-Mandel-Sauce 172
Mediterrane Brotdose 164
Orientalische Brotdose 163
Rote-Bete-Kurkuma-Nudeln 120
Schnelle Brote auf die Hand 64
Smoothie-Meal-Prep 171
Spitzkohl-Pasta mit Walnuss-Crunch 139
Warme Pfirsich-Kardamom-Overnight-Oats 48
Mangold 104, 205
Chorta – Griechisches Blattgemüse 104
Mangold-Linsen-Eintopf 205
Mini-Socca-Pizza 116
Marmelade
Brombeer-Blaubeer-Marmelade 74
Marokkanische Glow Bowl 88
Massaman-Curry 132
Mayonnaise
Harissa-Mayonnaise 192
Tahin-Mayonnaise 190
Mediterrane Brotdose 164
Mezze-Teller mit Fattoush-Salat 96
Muffins
Herzhafte Bärlauch-Polenta-Muffins 84
Himmlische Madeleines (oder einfache Muffins) 222
Müsli
Beeren-Birchermüsli 51
Gebackenes, wirklich zuckerfreies Müsli 37
Müsli-Happen 47
Quinoa-Feigen-Müsliriegel 63

N
Naan, Super-Naan (Pfannenbrot) 99
Nudeln
„Feel-Good"-Sommer-Linguine 124
Rote-Bete-Kurkuma-Nudeln 120
Teriyaki-Nudeln 131
Thai-Curry-Nudeln 128
Thai-Erdnuss-Nudelsuppe 135
Wochenmarkt-Nudelsalat 103
Zitronen-Oliven-Spaghetti Aglio et Olio 92
Nussmilch: Instant-Nussmilch 34
Nussmus 36

O
Ofenspargel mit Frühlingspesto 115
Oliven
Brotsalat (Panzanella) 150
Cajun-Quinoa-Bowl 100
Drei einfache Aufstriche 77
Grillbrötchen mit Rosmarin, Tomaten & Oliven 201
Mezze-Teller mit Fattoush-Salat 96
Mini-Socca-Pizza 116
Pasta Celestiale 95
Quinoa-Gemüselasagne 185
Quinoa-Hirse-Pizza 194
Vier Schichtsalate für die Woche 160
Zitronen-Oliven-Spaghetti Aglio et Olio 92
Omega-3-Fettsäuren 68
Glutenfreie-Omega-3-Hanfsamen-Brötchen 68
Omega-3-Kräuter-Cracker mit Erbsendip 213
Orangen
Ayurvedisches Kürbis-Linsen-Blech 127
Glowing Golden Porridge 55
Himmlische Madeleines 222
Marokkanische Glow Bowl 88
Müsli-Happen 47
Orangen-Dressing 127
Tahin-Orangen-Kekse 214
Orientalische Brotdose 163
Overnight Oats
Rhabarber-Erdbeer-Overnight-Oats 52
Warme Pfirsich-Kardamom-Overnight Oats 48

P
Pancake-Backmischung 83
Panzanella 150
Paprika 91
Ayurvedisches Montags-Gemüse-Dal 112
Blitzschnelle Paprikapasta 91
Brotsalat (Panzanella) 150
Cajun-Quinoa-Bowl 100
Einfacher Nudelauflauf 149
Kürbis-Walnuss-Chili 206
Massaman-Curry 132
Mediterrane Gemüsepfanne 175
Mini-Socca-Pizza 116
Orientalische Brotdose 163
Quinoa-Hirse-Pizza 194
Süßkartoffeln mit Burrito-Füllung 202
Thai-Curry-Nudeln 128
Thai-Erdnuss-Suppe 135
Wärmender Kartoffel-Bohnen-Eintopf 198
Pasta
Blitzschnelle Paprikapasta 91
Die beste Familien-Bolognese 181
Pasta Celestiale 95
Rote-Bete-Kurkuma-Nudeln 120
Wochenmarkt-Nudelsalat 103
Zitronen-Oliven-Spaghetti Aglio et Olio 92
Pesto
Frühlingspesto 115
Pistazien-Pesto 197
Saisonales Pesto 103
Pfannkuchen: Apfel-Pfannkuchen mit Zimt und Zucker 233
Pflanzliche Sahne 34
Basische Brokkolistamm- und Rucola-Suppe 145
Einfacher Nudelauflauf 149
Pfirsich: Warme Pfirsich-Kardamom-Overnight-Oats 48
Phytinsäure 27
Pistazien 88
Marokkanische Glow Bowl 88
Pistazien-Pesto 197
Pizza
Mini-Socca-Pizza 116
Quinoa-Hirse-Pizza 194
Polenta: Herzhafte Bärlauch-Polenta-Muffins 84
Porridge: Glowing Golden Porrige 55

Q
Quinoa 27, 88, 100
Cajun-Quinoa-Bowl 100
Quinoa-Feigen-Müsliriegel 63
Quinoa-Gemüselasagne 185
Quinoa-Hirse-Pizza 194

R
Reis, Vollkorn- 146
Asiatischer Bratreis 146
Ayurvedisches Montags-Gemüse-Dal 112
Kurkuma-Gemüsepfanne 177
Massaman-Curry 132
Süßkartoffeln mit Burrito-Füllung 202
Wärmender Kartoffel-Bohnen-Eintopf 198
Reisnudeln
Teriyaki-Nudeln 131
Thai-Curry-Nudeln 128
Thai-Erdnuss-Nudelsuppe 135
Rhabarber 52
Der universale Hygge-Blechkuchen 224
Rhabarber-Erdbeer-Overnight-Oats 52
Riegel: Quinoa-Feigen-Müsliriegel 63
Rote Bete 120, 154
Die beste Familien-Bolognese 181
Rote-Bete-Kurkuma-Nudeln 120
Welkes-Gemüse-Rosmarin-Suppe 142
Rucola
Basische Brokkolistamm- und Rucola-Suppe 145
Brotsalat (Panzanella) 150
Cajun-Quinoa-Bowl 100
Chorta- Griechisches Blattgemüse 104
Gefüllte Kichererbsen-Wraps 136
Herzhafte Bärlauch-Polenta-Muffins 84
Mediterrane Brotdose 164
Ofenspargel mit Frühlingspesto 115
Orientalische Brotdose 163
Schnelle Brote auf die Hand 64
Vier Schichtsalate für die Woche 160
Wochenmarkt-Nudelsalat 103

S
Sahne: Pflanzliche Sahne 34
Salate
Brotsalat (Panzanella) 150
Burger-Bowl 192

Goldener Herbstsalat mit Rote-Bete-Stängeln 154
Mezze-Teller mit Fattoush-Salat 96
Vier Schichtsalate für die Woche 160
Waldorf-Salat 167
Wochenmarkt-Nudelsalat 103
Salz 29
Saucen
Erdnuss-Sesam 172
Geröstete Tomatensauce 172
Kurkuma-Mandel 172
Tahin-Zitrone 172
Schichtsalate: Vier Schichtsalate für die Woche 160
Schnelle Brote auf die Hand 64
Schokolade 236
Crêpes mit Schokoladensauce 81
Die beste selbst gemachte Schokolade 236
Ruckzuck-Schokoladencreme 74
Schokoladen-Lavakuchen 217
Senf
Basische Brokkolistamm- und Rucola-Suppe 145
Honig-Senf-Dressing 154
Olivenöl-Dijon-Dressing 161
Quinoa-Gemüselasagne 185
Tahin-Mayo 190
Waldorf-Salat 167
Simpler Bananenkuchen 157
Smoothie-Meal-Prep 171
Snacks
Aprikosen-Zitronen-Energy-Balls 210
Gefüllte Datteln mit Gurke & Zitrone 210
Schoko-Datteln 210
Socca: Mini-Socca-Pizza 116
Sommerliches, gepufftes Granola 56
Spaghetti: Zitronen-Oliven-Spaghetti Aglio et Olio 92
Spargel: Ofenspargel mit Frühlingspesto 115
Spitzkohl: Spitzkohl-Pasta mit Walnuss-Crunch 139
Suppe
Basische Brokkolistamm- und Rucola-Suppe 145
Erdnuss-Lauchsuppe 108
Geröstete Süßkartoffel-Tomatensuppe 119
Thai-Erdnuss-Nudelsuppe 135
Welkes-Gemüse-Rosmarin-Suppe 142
Süße Zimtbrötchen 72
Süßkartoffeln 132, 202
Ein-Blech-Süßkartoffelecken mit Kichererbsen 123
Erdnuss-Lauchsuppe 108
Geröstete Süßkartoffel-Tomatensuppe 119
Massaman-Curry 132
Süßkartoffeln mit Burrito-Füllung 202

T
Taboulé, Orientalische Brotdose 163
Tahin
Hummus 38
Tahin-Mayonnaise 190
Tahin-Orangen-Kekse 214
Tahin-Zitronen-Sauce 172
Teriyaki-Nudeln 131
Thai-
Thai-Curry-Nudeln 128
Thai-Erdnuss-Suppe 135
Tiefkühler-Pfannencurry 107

W
Waffeln: Herzwaffeln 230
Walnüsse
Beeren-Birchermüsli 51
Blitzschnelle Paprikapasta 91
Die beste Familien-Bolognese 181
Dukkah 38
Gebackenes, wirklich zuckerfreies Müsli 37
Kürbis-Walnuss-Chili 206
Simpler Bananenkuchen 157
Spitzkohl-Pasta mit Walnuss-Crunch 139
Vier Schichtsalate für die Woche 160
Waldorf-Salat 167
Wochenmarkt-Nudelsalat 103
Warme Pfirsich-Kardamom-Overnight-Oats 48
Welkes Gemüse-Rosmarin-Suppe 142
Wellness: Drei Wellness-Lattes 239
Winterliche Brotdose 167
Wochenmarkt-Nudelsalat 103
Wraps
Gefüllte Kichererbsen-Wraps 136
Grüne Wraps 163

V
Vollkorn
Dinkelvollkorn-Burgerbrötchen 189
Last-Minute-Vollkornbrötchen 71

Z
Zerquetschte Kartoffeln mit Pistazien-Pesto 197
Zimtbrötchen 72
Zucchini
Asiatischer Bratreis 146
Einfacher Nudelauflauf 149
Herzhafte Bärlauch-Polenta-Muffins 84
Kurkuma-Gemüsepfanne 177
Mediterrane Gemüsepfanne 175
Quinoa-Gemüselasagne 185
Smoothie-Meal-Prep 171
Thai-Curry-Nudeln 128
Thai-Erdnuss-Nudelsupp 135
Zucchini-Brownies 227
Zucker 30
Zwei Currypasten 41
Zwetschgen
Einfacher Zwetschgen-Blechkuchen 235
Saisonale Frühstücksgläser mit Kompott 78

Danke

In ein Kochbuch fließen weitaus mehr Energie und Kraft als die der Autorin. Zuerst möchte ich den Lesern meines Blogs *Heavenlynn Healthy* danken. Euer Interesse an einem gesünderen Leben hat dazu geführt, dass ich aus meiner Leidenschaft eine Karriere machen konnte. Zu hören, dass die Rezepte auf meinem Blog und in meinem ersten Buch *Himmlisch gesund* einen festen Platz in eurem Leben haben, macht mich so unfassbar dankbar und stolz. Die Nachrichten, in denen ihr mir erzählt, dass meine Lasagne sogar eure skeptischen Ehemänner überzeugt, dass eure Kinder nach mehr gefrorenen Eis-Bananen fragen und der Bali-Buddha-Gemüseeintopf zu euren Lieblingsessen zählt, ist für mich die größte Bereicherung. Ihr seid meine Motivation, weiterhin das zu tun, was ich liebe. Danke, danke, danke!

Der größte Dank geht an meinen Ehemann Jannis. Letztes Jahr hast du mich durch meine Masterarbeit und mein zweites Buch begleitet. In dieses Buch floss weitaus mehr Zeit und Schweiß als in unsere Hochzeitsplanung. Unsere Flitterwochen haben wir zusammen in der Küche verbracht, und anstatt es dir unter Palmen gut gehen zu lassen, hast du hinter mir aufgeräumt und jeden Tag nach Feierabend den Abwasch gemacht. Du hast mich aufgefangen, als ich vor lauter Mengenangaben nicht mehr durchgeblickt habe und mich gehalten, als ich mal wieder an mir und diesem Buch gezweifelt habe. Hätte ich dich nicht schon geheiratet, würde ich es sofort wieder tun, denn du bist einfach mein bester Freund und größter Unterstützer.

Ich danke meiner Familie – Mama, Papa, Mayshi, Malin und Balu. Ihr wart die ersten Leser meines Blogs und euer Glaube an meinen Traum ist mein größter Ansporn. Mama, Mayshi und Malin, danke, dass ihr die Rezepte in diesem Buch getestet und mit eurem Feedback so verbessert habt. Ein besonderer Dank gilt meinem Papa, der mein größter Rezeptkritiker und gleichzeitig größter Fan ist. Ich liebe euch alle sehr.

Mein Dank gilt ebenso der unfassbar talentierten Food-Fotografin Claudia Gödke. Dank dir musste ich diesmal nicht alle Fotos selber schießen und stylen. Was wir in einem Wochenende gewuppt haben, muss uns erst einmal jemand nachmachen. Deine Fotos bereichern dieses Buch immens und ich verbeuge mich vor deinem Talent.

Danke auch an meinen Fotografen Christian Boldt, der trotz gebrochener Hand alles gegeben hat. Ebenfalls ein großes Dankeschön an Neptune Hamburg, in deren wunderschöner Küche wir einige Fotos machen durften. Danke an meine Freundin und Natural-Beauty-Coach Lisa Scharff, die mich wieder einmal für dieses Buch mit Naturkosmetik in Szene gesetzt hat und mir immer wieder die Zweifel an meinen Fähigkeiten nimmt.

Ich danke meiner Freundin Anna. Unser letztes Jahr könnte als „Zwei Hochzeiten und ein Kochbuch" durchgehen. Danke für dein offenes Ohr und deine Schulter, an der ich mich nicht selten ausgeheult habe. Danke an meine Mentorin und Freundin Stefanie Luxat. Die Möglichkeit, als deine Kolumnistin zu arbeiten, hat mir Türen geöffnet, von denen ich niemals hätte träumen können. Deine Professionalität und Authentizität inspirieren mich täglich, mein Bestes zu geben und trotz Furcht neue Dinge zu starten.

Und schließlich ein großer Dank an meine Lektorin Janina und Tina vom Thorbecke-Verlag. Danke, dass ihr weiterhin an mich glaubt und meiner Mission mit diesem Buch eine Stimme über das Internet hinaus gebt.

Die Autorin

Lynn Hoefer ist Food-Bloggerin, ganzheitliche Ernährungsberaterin, Food-Stylistin und Kolumnistin. Durch die Diagnose Bluthochdruck fand Lynn zur gesunden Ernährung und begann ihre Leidenschaft für natürliche Rezepte auf ihrem Blog *Heavenlynn Healthy* zu veröffentlichen. Ihr Blog zählt zu den erfolgreichsten deutschen Blogs im Bereich gesunde und ausgewogene Ernährung. Bei Thorbecke erschien von ihr bereits *Himmlisch gesund*, das sich sofort zu einem Bestseller entwickelte.